EERSTE EDITIE - Gepubliceerd in 2022

Extra grafisch materiaal van: www.freepik.com
Dank aan: Alekksall, Starline, Pch.vector, Rawpixel.com, Vectorpocket, Dgim-studio, Upklyak, Macrovector, Stockgiu, Pikisuperstar & Freepik.com Designers

Ontdek gratis online spelletjes

Hier verkrijgbaar:

BestActivityBooks.com/FREEGAMES

5 TIPS OM TE BEGINNEN!

1) HOE OP TE LOSSEN

De Puzzels zijn in een Klassiek Formaat:

- Woorden worden verborgen zonder pauzes (geen spaties, streepjes, ...)
- Oriëntatie: Voorwaarts & Achterwaarts, Boven & Beneden of in Diagonaal (kan in beide richtingen)
- Woorden kunnen elkaar overlappen of kruisen

2) ACTIEF LEREN

Naast elk woord is een spatie voorzien om de vertaling te noteren. Om actief te leren vindt u een **WOORDENBOEK** aan het einde van deze editie om uw kennis te controleren en uit te breiden. U kunt elke vertaling opzoeken en opschrijven, de woorden in de puzzel vinden en ze vervolgens aan uw woordenschat toevoegen!

3) TAG JE WOORDEN

Hebt u al geprobeerd een labelsysteem te gebruiken? U zou bijvoorbeeld de woorden die moeilijk te vinden waren kunnen markeren met een kruis, de woorden die u leuk vond met een ster, nieuwe woorden met een driehoek, zeldzame woorden met een ruit enzovoort...

4) ORGANISEER UW LEREN

Wij bieden ook een handig **NOTITIEBOEKJE** aan het eind van deze uitgave. Of u nu op vakantie, op reis of thuis bent, u kunt uw nieuwe kennis gemakkelijk ordenen zonder dat u een tweede notitieboek nodig hebt!

5) AFGESLOTEN?

Ga naar de bonussectie: **FINAAL UITDAGING** om een gratis spel te vinden dat aan het einde van deze editie wordt aangeboden!

Wil je meer leuke en leerzame activiteiten? Het is Snel en Eenvoudig!
Een hele collectie spelboeken slechts **één klik verwijderd!**

Vind uw volgende uitdaging bij:

BestActivityBooks.com/MijnVolgendeBoek

Klaar... Start!

Wist u dat er zo'n 7000 verschillende talen in de wereld zijn? Woorden zijn kostbaar.

We houden van talen en hebben hard gewerkt om de boeken van de hoogste kwaliteit voor u te maken. Onze ingrediënten?

Een selectie van onmisbare leerthema's, drie grote plakken plezier, dan voegen we er een lepel moeilijke woorden en een snuifje zeldzame woorden aan toe. We serveren ze met zorg en een maximum aan verrukking, zodat je de beste woordspelletjes kunt oplossen en veel plezier beleeft aan het leren!

Uw feedback is essentieel. U kunt een actieve bijdrage leveren aan het succes van dit boek door een recensie achter te laten. Vertel ons wat u het meest beviel in deze editie!

Hier is een korte link die u naar uw bestelpagina brengt:

BestBooksActivity.com/Recensies50

Bedankt voor uw hulp en veel plezier met het spel!

Linguas Classics

1 - Metingen

```
D  P  S  N  H  G  A  S  S  A  M  I  N  U  T  O
E  R  A  A  D  C  R  Ç  X  S  O  M  E  C  J  S
C  O  E  J  D  B  U  R  N  J  Y  Z  V  Q  V  E
I  F  P  L  T  M  G  O  L  O  R  T  E  M  V  P
M  U  O  O  R  O  R  T  E  M  Í  T  N  E  C  P
A  N  V  X  L  U  A  R  G  Y  T  J  R  T  I  T
L  D  Q  E  L  S  L  D  H  H  U  I  S  Z  Ç  O
U  I  Q  U  U  Q  U  I  L  Ô  M  E  T  R  O  N
G  D  P  C  O  M  P  R  I  M  E  N  T  O  E  E
R  A  O  S  V  K  V  X  Q  V  Q  L  L  O  N  L
A  D  L  R  Ç  R  C  I  X  C  I  Y  I  Ç  I  A
M  E  E  M  U  L  O  V  F  X  R  P  B  T  F  D
A  X  G  O  W  F  C  Q  T  B  P  V  K  I  R  A
N  N  A  R  U  T  L  A  Z  U  Y  M  P  M  J  O
V  R  D  R  W  G  G  U  Z  R  N  T  V  U  Ç  A
O  T  A  M  A  R  G  O  L  I  U  Q  E  I  L  J
```

LARGURA
BYTE
CENTÍMETRO
DECIMAL
PROFUNDIDADE
PESO
GRAU
GRAMA
ALTURA
POLEGADA

QUILOGRAMA
QUILÔMETRO
COMPRIMENTO
LITRO
MASSA
METRO
MINUTO
ONÇA
TONELADA
VOLUME

2 - Opwarming van de Aarde

```
I  T  L  M  P  G  E  H  V  Q  Q  D  Ç  D  F  Ç
N  G  E  D  O  N  N  M  U  A  T  E  N  Ç  Ã  O
T  E  G  A  P  Y  E  R  I  M  X  L  T  H  K  C
E  R  I  C  U  Y  R  A  R  I  A  I  I  Ç  D  I
R  A  S  O  L  W  G  M  M  L  R  N  O  T  F  T
N  Ç  L  N  A  I  I  B  M  C  O  H  O  Q  M  R
A  Õ  A  S  Ç  V  A  I  F  J  G  P  X  S  Y  Á
C  E  Ç  E  Õ  G  S  E  H  U  A  M  H  M  G  H
I  S  Ã  Q  E  Á  Q  N  S  G  T  E  X  R  P  H
O  Z  O  U  S  S  X  T  X  I  Z  U  N  M  L  G
N  V  V  Ê  O  G  E  A  F  N  R  J  R  B  Z  O
A  Q  F  N  D  B  Y  L  R  F  B  C  R  O  E  V
L  S  C  C  A  C  I  E  N  T  I  S  T  A  O  E
F  B  Y  I  D  Z  Y  Y  D  Ç  N  W  Y  S  Ç  R
O  Ç  H  A  I  R  T  S  Ú  D  N  I  R  S  C  N
T  T  W  S  A  R  U  T  A  R  E  P  M  E  T  O
```

ATENÇÃO
ÁRTICO
CRISE
ENERGIA
GÁS
DADOS
GERAÇÕES
CONSEQUÊNCIAS
INDÚSTRIA
INTERNACIONAL

CLIMA
HUMANOS
AMBIENTAL
AGORA
POPULAÇÕES
GOVERNO
TEMPERATURAS
FUTURO
CIENTISTA
LEGISLAÇÃO

3 - Keuken

```
S G W Y J N G P A U Z I N H O S
J L B B U V A R I E D A L E G B
O A W B K J R R A F M T G U F C
P F A C A S F K I V F M M V X X
Q O Z A J N O P S E E J N Q M F
X R Z A J S S P U C L N W G J O
T I G E L A H C N O C A T H Z R
G U A R D A N A P O C Q H A Q N
Z Ç A D C P A H Z J O J G C L O
N A Ç G E C J U Ç F L L G W U E
G J A R U R P E G R H G C W I N
O R R E C E I T A E E J S N A B
H V E Q V O E Ç O E R A Y N O I
D O M L C W V L T Z E R G G P Ç
K K O O H L K V C E S R Z W J W
Q N C U X A P Y E R A O N B E S
```

CUPS
PAUZINHOS
COMER
GRELHA
CHALEIRA
GELADEIRA
TIGELA
JARRO
COLHERES
FACAS

FORNO
CONCHA
JAR
RECEITA
AVENTAL
GUARDANAPO
ESPONJA
GARFOS
FREEZER

4 - Boten

```
C R U L R O T O M X G M M K J O
A J V A I A I Ó B S T F A W A N
I N N G O J M P D O Q X S T N D
A U K O R P Y L O D T G T I G A
Q I Q V I L W R I I Z E R A A S
U Q O C E A N O N T P V O T D T
E N M Q L Q O J U U I O M E A R
S P D Ç E O X N V W B F K T Z I
K P A W V M A Ç A G A M S U F P
J J T I J X R L W C L Y L B W U
N Á U T I C O G C G S Z Q U R L
P N I H N J C B H L A C L V F A
B S G W N U N J I P T D O C A Ç
T E I O R Z Â H B F S I R O Ç Ã
C O R D A K Z S U V Y H Ç N I O
I T H U P D D P Y P A R C D R Y
```

ÂNCORA
TRIPULAÇÃO
BÓIA
DOCA
ONDAS
IATE
CAIAQUE
CANOA
MASTRO
LAGO

MOTOR
NÁUTICO
OCEANO
BOTE
RIO
CORDA
BALSA
JANGADA
MAR
VELEIRO

5 - Chocolade

```
X Y Y P K Z G C A M O R A A I S
T R D J D A S A N N L A F M Ç H
I I V H F E B L T S E C D E P R
H G X G S T E O I A M Ú H N K Q
G C F D A N U R O T A Ç F D E S
X Ç K E Y E V I X I R A D O Z Q
N Q S V V I L A I E A F I I R B
O U Y G B D W S D C C P R N W W
L A N A S E T R A E O R Ó S G N
K L A M A R G O N R X C I W O A
G I Y N B G Ç R T G H Ó O R S B
P D E P O N U Ç E F Y T T G T Q
U A C A C I C O M E R O C I O K
Y D O G F A V O R I T O S M C I
Z E D E L I C I O S O X F F R O
S Ç V I W G Y E U S X Ç J A E R
```

ANTIOXIDANTE
AROMA
ARTESANAL
AMARGO
CACAU
CALORIAS
COMER
EXÓTICO
FAVORITO
DELICIOSO

INGREDIENTE
CARAMELO
COCO
QUALIDADE
AMENDOINS
PÓ
RECEITA
GOSTO
AÇÚCAR
DOCE

6 - Gezondheid en Welzijn #2

```
S  D  P  S  P  G  T  S  O  P  B  W  I  B  A  F
H  A  I  R  O  L  A  C  F  U  Q  L  Q  P  N  H
D  X  N  G  R  E  C  U  P  E  R  A  Ç  Ã  O  N
I  E  A  G  E  A  I  L  E  V  Á  D  U  A  S  U
E  N  L  A  U  S  K  P  A  C  I  T  É  N  E  G
T  E  E  J  Q  E  T  J  C  T  K  M  J  M  P  F
A  R  R  F  Ç  D  S  Ã  R  H  I  G  I  E  N  E
O  G  G  Y  Ç  K  H  Q  O  P  E  P  T  C  Z  V
Ã  I  I  K  W  S  M  M  E  G  A  S  S  A  M  I
Ç  A  A  Ç  N  E  O  D  A  L  Z  M  W  O  G  T
C  O  R  P  O  Ã  Ç  I  R  T  U  N  Ç  K  H  A
E  R  E  S  T  R  E  S  S  E  Ç  Z  Ç  V  G  M
F  U  V  X  E  I  N  O  Ç  D  I  D  G  I  S  I
N  G  Q  M  A  U  P  C  M  I  C  C  K  K  T  N
I  T  R  K  N  E  A  N  A  T  O  M  I  A  J  A
N  V  W  F  B  D  W  Ç  P  J  V  P  Ç  K  P  S
```

ALERGIA	HIGIENE
ANATOMIA	INFECÇÃO
SANGUE	CORPO
CALORIA	MASSAGEM
DIETA	DIGESTÃO
ENERGIA	ESTRESSE
GENÉTICA	VITAMINA
PESO	NUTRIÇÃO
SAUDÁVEL	HOSPITAL
RECUPERAÇÃO	DOENÇA

7 - Tijd

```
F  I  A  G  H  W  Y  I  M  H  Y  N  I  P  G  X
E  I  V  Q  D  C  D  Y  W  S  T  Y  S  Z  C  J
K  X  H  Ç  M  D  A  C  H  D  J  L  N  B  X  U
D  T  T  O  V  X  S  K  Y  Ç  K  T  Z  I  N  B
D  A  J  D  J  G  O  R  R  P  B  P  H  D  O  H
I  Q  L  E  A  E  U  G  F  B  V  V  B  W  I  O
A  M  K  C  I  N  Ç  J  L  A  Y  X  A  P  T  R
R  Ê  V  D  P  O  V  M  I  N  U  T  O  E  A
O  T  D  S  O  M  A  N  H  Ã  X  V  Y  Q  K  O
G  N  E  N  I  R  N  U  R  K  K  T  C  N  U  I
A  O  P  W  E  J  M  K  I  I  A  K  O  L  S  X
Y  Ç  O  Q  M  C  A  L  E  N  D  Á  R  I  O  U
H  J  I  H  Q  Q  U  A  F  U  T  U  R  O  F  R
J  E  S  T  H  Ç  Y  U  F  R  E  L  Ó  G  I  O
S  É  C  U  L  O  L  N  P  E  C  F  Q  Q  T  Q
D  É  C  A  D  A  N  A  M  E  S  Q  A  A  W  Q
```

DIA
DÉCADA
SÉCULO
ONTEM
ANO
ANUAL
CALENDÁRIO
RELÓGIO
MÊS
MEIO-DIA

MINUTO
DEPOIS
NOITE
AGORA
MANHÃ
FUTURO
HORA
HOJE
CEDO
SEMANA

8 - Meditatie

```
X W Y Y B C M A B B T C W R Q F
C U Y R S H O B Z S S A T E F M
I R T E I M V N N T L R A E P Ç
Ç Y M E L I I V O F B U V H B T
I A K C Ê V M O Ã Ç A T I E C A
B O O E N L E Ã Ç O Z S T M P Z
W O D D C H N Ç N D E O C O E E
L Ã N A I F T A E A R P E Ç N R
U X A D O R O V T D A Y P Õ S U
T I R I A H T R A R L S S E A T
Z A I C C D X E S O C Z R S M A
K P P I I D E S Q C O N E R E N
K M S L S L K B P A Z G P M N N
Y O E E Ú D P O M E N T A L T V
E C R F M G R A T I D Ã O Z O A
M H A U M B E T Ç Z M Y A S S O
```

ATENÇÃO	COMPAIXÃO
ACEITAÇÃO	MENTAL
RESPIRANDO	MÚSICA
MOVIMENTO	NATUREZA
GRATIDÃO	OBSERVAÇÃO
EMOÇÕES	PERSPECTIVA
PENSAMENTOS	SILÊNCIO
FELICIDADE	PAZ
CLAREZA	BONDADE
POSTURA	ACORDADO

9 - Muziek

```
C D A A R U D L Q S I H T P M C
K O C I M T Í R Q S M A E O I A
F C R D N G R L V X P R M É C N
K I Y O C I S Ú M M R M P T R T
X S T L A C I S U M O O O I O A
P S P E B X A B H U V N I C F R
N Á H M G Z Q Q Y P I I U O O F
H L G A Á R Ç C K F S A F L N Q
C C W R U L A D A L A B O K E V
L Í R I C O B V O P R Ó P E R A
R I T M O Z B U A U P D R R Z K
S J V L C E G E M Ç C A N T O R
A B I Q A C N X Ç D Ã W K M K F
I N S T R U M E N T O O G Y T K
W M Q T X C B E Q U F Z C I D W
M M R H J N Ç H M S F H G B Ç Ç
```

ÁLBUM
BALADA
HARMONIA
IMPROVISAR
INSTRUMENTO
CLÁSSICO
CORO
LÍRICO
MELODIA
MICROFONE

MUSICAL
MÚSICO
ÓPERA
GRAVAÇÃO
POÉTICO
RITMO
RÍTMICO
TEMPO
CANTOR
CANTAR

10 - Vogels

```
A M O L H Q B F A M G D M J H A
N M U W M B A V L R L A M K P E
T K A M L J H T W L O V R O C R
P A R D A L L U O Ç Ã G A Ç R R
C U C O S M P C P X V R V M A L
E Y D K B T E A J F A Q E R X C
C M E M D M R N U R P P S N M Ç
B L N Ç S A O O P A Y I T K A H
A O S G H S I P E N I N R L O Z
G A I V O T A B L G C G U B J K
Z O C D D C G I I O Q U Z G L D
P A T O S N A G C X H I F L H W
C O R U J A P T A M S M C R R G
J U E U T A A H N O G E C S A H
C Ç B V B B P Z O G N I M A L F
K F O K L Q W O V O P Y F X X Y
```

POMBO	CEGONHA
PATO	PAPAGAIO
OVO	PAVÃO
FLAMINGO	PELICANO
GANSO	PINGUIM
FRANGO	GARÇA
CUCO	AVESTRUZ
CORVO	TUCANO
GAIVOTA	CORUJA
PARDAL	CISNE

11 - Universum

```
E W G B C K X S O L S T Í C I O
V U B A R X Z E I Ç D N I K O R
H U L X J O O M O N Ô R T S A Ç
H E U S G K D M S F C Ç J M R Ç
O D M Ç C A Í A S T E R Ó I D E
R U A I L N A B U U S F B M I D
I T S C S H C Ç E Q C É U C Ç U
Z I T Ó A F O L B M E U C C S T
O T R S T L É G A L Á X I A F I
N A O M M U J R A N I L C N I G
T L N I O A Ç T I T R E V A S N
E K O C S T J W Q O W V J L V O
R M M O F I I Y Q Y Y Í U P Q L
H A I S E B O I P Ó C S E L E T
A A A V R R R D X C A I Ç Z X P
H J D W A Ó O D I T I V B E N Q
```

ASTERÓIDE
ASTRONOMIA
ASTRÔNOMO
ATMOSFERA
ÓRBITA
LATITUDE
ZODÍACO
TREVAS
EQUADOR
HEMISFÉRIO

CÉU
HORIZONTE
INCLINAR
CÓSMICO
LONGITUDE
LUA
GALÁXIA
TELESCÓPIO
VISÍVEL
SOLSTÍCIO

12 - Wiskunde

```
A P H S C D O D A R D A U Q W X
R R A K I R U E O L E L A R A P
E V I R H M F G Ã B C G W U S O
T O R T A I E V Ç F I B Ç G J N
Â L T Z M L U T A X M H W P K U
N U E T E É E V R N A Y U O T Y
G M M H O U T L F I L Y Ç L R O
U E O S O M A I O F A O O Í I Â
L G E T I B Q X C G U Ã R G Â N
O S G X F S N L C A R Ç T O N G
D I V I S Ã O Z K J U A E N G U
B W F O X N S Z V L O U M O U L
I Ç V D J I Z Z X T D Q Â O L O
A Ç O O E T N E O P X E I B O S
H C U Y L D C Z Ç Y E M D U M E
H C D P E R Í M E T R O Z C O D
```

DECIMAL	PARALELOGRAMO
DIÂMETRO	RETÂNGULO
DIVISÃO	ARITMÉTICA
TRIÂNGULO	SOMA
EXPOENTE	SIMETRIA
FRAÇÃO	POLÍGONO
GEOMETRIA	EQUAÇÃO
ÂNGULOS	QUADRADO
PERÍMETRO	VOLUME
PARALELO	

13 - Gezondheid en Welzijn #1

```
L P O S T U R A I C Á M R A F H
I J D E H Z O R M X B N N S N Á
T Q U N R I T U E O X R C O K B
G M H O V K U T D S E Z I V O I
Z Ç S M Q K O A I A L T U R A T
T N O R T U D R C W B F H E O O
K E M O F X Q F I W Z X Y N V X
F U R H B B K A N U V G D C K E
Z J P A B A Ç F A A U Z N V B L
G C D V P O T N E M A T A R T F
V Í R U S I Z I M Y M R J F X E
A V O N N G A P V H P S U Z O R
B A C T É R I A S O E L T O K X
C L Í N I C A C S O L U C S Ú M
R O J A E U Q J L P E D Y Ç I X
R E L A X A M E N T O Ç B O N Z
```

ATIVO	POSTURA
FARMÁCIA	PELE
BACTÉRIAS	CLÍNICA
TRATAMENTO	MEDICINA
FRATURA	RELAXAMENTO
DOUTOR	REFLEXO
HÁBITO	MÚSCULOS
FOME	TERAPIA
ALTURA	VÍRUS
HORMONES	NERVOS

14 - Camping

```
W Ç I H F P J E M E J R T Q G Á
C A H N A T N O M U P R V N O R
O B O C S J P L N I D R S D L V
R P U H A E O I V V O U F A U O
D W G W R C T V Ç K N D L P A R
A Z M S U C T O N U É P A H C E
R B E I T I F X A A C U N A A S
C A B I N E O D T Y P E T N M M
O Y K Z E I G O U P K R E I C C
G G C C V T O N R B B H R M R V
V A A P A M U P E E Ú G N A Z C
W N Ç L D I V D Z U T S A I D N
A E A C A N O A A V K V S S A G
K Ç Q U Z O I U B D E J Z O F T
O V R J C V I R Ç A E L G C L Y
E W T E N D A T S E R O L F Z A
```

AVENTURA
MONTANHA
ÁRVORES
FLORESTA
FOGO
CABINE
ANIMAIS
MACA
CHAPÉU
INSETO

CAÇA
MAPA
CANOA
BÚSSOLA
LANTERNA
LUA
LAGO
NATUREZA
TENDA
CORDA

15 - Algebra

```
D Q U A N T I D A D E B K D S F
Z I R T A M L L N J M J H Q U A
O G A Ç D M V U W G Z U B C B T
F W M G O Ã Ç A U Q E T F D T O
N J O Z R P L E R I I F Q B R R
E G S S E A K L I I E H L Q A A
L E V K Z G M A Ç A Á U O S Ç C
O S X G O K Y A Y S W V O O Ã I
T E S P B I R T E Q F H E Z O F
R T M P O C I F Á R G W L L Ã I
U N Z L Ã E U I O N N R J E Ç L
G Ê Y Ç Ç J N L I N E A R P A P
C R T X U W P T Q E K M V K R M
U A Q Y L P A M E L B O R P F I
I P A S O S L A F Ó R M U L A S
C B L Z S M I N F I N I T O Z D
```

SUBTRAÇÃO　　　　　MATRIZ
DIAGRAMA　　　　　　ZERO
EXPOENTE　　　　　　INFINITO
FATOR　　　　　　　　SOLUÇÃO
FÓRMULA　　　　　　PROBLEMA
FRAÇÃO　　　　　　　SOMA
GRÁFICO　　　　　　FALSO
PARÊNTESE　　　　　VARIÁVEL
QUANTIDADE　　　　SIMPLIFICAR
LINEAR　　　　　　　EQUAÇÃO

16 - Diplomatie

```
C O N F L I T O M I S M F S C S
É T I C A O Ã Ç U L O S E R O E
G P L O C I T Á M O L P I D N G
D P Y Í K U E O O Y U Y Y W S U
E E Y W N P X D U T Ç C B J U R
E F K O J G N A P L Ã B F W L A
G M I Ã A I U T J I O D T Ç T N
O J B Ç R A B A L G C Ç E X O Ç
V U O A F Ç A R S Ç O L G J R A
E S A R I I N T E G R I D A D E
R T O E N X D I S C U S S Ã O Q
N I W P D E A P O L Í T I C A T
O Ç X O E I R D C I D A D Ã O S
X A R O D A X I A B M E D U E G
E A I C V C O M U N I D A D E U
H U M A N I T Á R I O T V S I T
```

CONSULTOR
EMBAIXADA
EMBAIXADOR
CIDADÃOS
CONFLITO
DIPLOMÁTICO
DISCUSSÃO
ÉTICA
COMUNIDADE
JUSTIÇA

HUMANITÁRIO
INTEGRIDADE
SOLUÇÃO
POLÍTICA
GOVERNO
RESOLUÇÃO
COOPERAÇÃO
LÍNGUAS
SEGURANÇA
TRATADO

17 - Astronomie

```
M U P A N R V E X P U Ç O P E A
E N N Y S E E P S K T B B L Q Q
T I L R T T B Q U M N W S A U A
E V D C E Z R U G S F W E N I S
O E H F L T X Ô L L I F R E N T
R R Ç F E Z Ç N O J F V T Ó E
O S O M S O C U U O S Q A A C R
T O U N C L P A G V M A T T I Ó
E E M H Ó G D X P O H O Ó U O I
R L U A P T A W Ç J F I R A E D
R J C J I U L Y I N Z F I N S E
A O O V O Ã Ç A I D A R O O T Ç
G T M S A T É L I T E R W R R C
M Ç E G R A V I D A D E G T E U
N I T E M M R Q U H J I E S L H
M D A H A N K X Ç S M L Z A A D
```

TERRA
ASTERÓIDE
ASTRONAUTA
ASTRÔNOMO
EQUINÓCIO
COMETA
COSMOS
LUA
METEORO
NEBULOSA

OBSERVATÓRIO
PLANETA
FOGUETE
SATÉLITE
ESTRELA
RADIAÇÃO
TELESCÓPIO
UNIVERSO
GRAVIDADE

18 - Vakantie #2

```
L A R A M A P A G M K V F K Q D
A C G H E D P A S S A P O R T E
T A S L G R C J K O F P J A F V
E M Z I A N O N I T S E D P R T
N P A A I A R P D X Ç G A H E Á
D A S D V K I G O T S I V M S X
A M S A V R E S E R O T N G T I
N E V R B W G Q G Y T X S T A U
M N Z L G G N X F F I O Z R U J
Ç T Y T G N A I N M E D R O R Y
C O Ç R V J R X U T Y A K M A L
L A H J M J T S H U L I B N N W
X Y H Z E F S L A Z E R Ç Q T P
Ç N V O H E E P Y O T E G S E U
T R A N S P O R T E O F G V N L
M O N T A N H A S F H A G W U M
```

MONTANHAS
DESTINO
ESTRANGEIRO
ILHA
HOTEL
MAPA
ACAMPAMENTO
AEROPORTO
PASSAPORTE
VIAGEM

RESERVAS
RESTAURANTE
PRAIA
TÁXI
TENDA
FERIADO
TRANSPORTE
VISTO
LAZER
MAR

19 - Weersomstandigheden

```
M  I  R  D  Ç  S  U  B  F  R  X  Y  G  H  F  M
G  F  J  G  Q  S  Q  U  Z  U  N  E  G  A  H  T
T  E  M  P  E  S  T  A  D  E  R  D  T  X  N  I
R  E  L  Â  M  P  A  G  O  V  S  A  C  E  S  V
T  R  O  V  Ã  O  O  K  D  K  Q  P  C  L  G  E
V  A  Q  V  U  X  U  O  D  I  M  Ú  N  Ã  C  N
N  E  V  O  E  I  R  O  Ã  D  R  N  U  X  O  T
M  K  Z  D  O  H  W  B  M  Ç  Z  D  I  N  H  O
T  R  O  P  I  C  A  L  L  W  A  O  M  H  M  S
C  T  C  E  F  W  K  C  R  U  P  D  O  L  E  G
J  D  C  L  I  M  A  C  É  U  O  A  N  H  V  F
A  R  C  O  Í  R  I  S  X  G  L  N  Ç  U  U  H
A  T  M  O  S  F  E  R  A  E  A  R  Ã  M  N  U
K  B  Z  P  U  E  Y  H  L  T  R  O  O  Q  P  I
T  E  M  P  E  R  A  T  U  R  A  T  S  W  V  H
S  I  D  F  C  V  E  E  M  V  A  O  M  U  Y  C
```

ATMOSFERA
RELÂMPAGO
TROVÃO
SECA
CÉU
GELO
CLIMA
NEVOEIRO
MONÇÃO
FURACÃO

INUNDAÇÃO
POLAR
ARCO-ÍRIS
TEMPESTADE
TEMPERATURA
TORNADO
TROPICAL
ÚMIDO
VENTO
NUVEM

20 - Eten #2

```
Q C R Y P G R U H U Q Ç U W B P
V V E W F Y O L I Y M L E Y R Y
L E T A M O T F R M W T C S Ó L
A X E D R Ç P K M A Ç Ã G B C X
J I A B A C A X I T R I G O O Q
B E R I N G E L A P H Z A N L F
L P R E S U N T O X Ê P A T I R
V E U Z C V I L Ã Y M S W J S A
F Q U E I J O Q P S B Y S K X N
B A H H W O R V A X I O W E L G
M A V U I W E T R U G O I S G O
O W N A K O R U R C E Q D B S O
H M W A Ç V S O L B S Y O Ç X
P S L T N Z J O Z A S P A R G O
S A A T O A O D N Ê M A Y S O M
Z G D Ç X Q F Q W M W O Y R N J
```

AMÊNDOA	PRESUNTO
ABACAXI	QUEIJO
MAÇÃ	FRANGO
ASPARGO	KIWI
BERINGELA	PÊSSEGO
BANANA	ARROZ
BRÓCOLIS	TRIGO
PÃO	TOMATE
UVA	PEIXE
OVO	IOGURTE

21 - Geologie

```
C K O E L L I T X T L V G E C Q
G O A H S V C Ç E S Q P R Y O G
N Z N J O T D K X R W N N G R N
F O R T O E A V A L R V T K A Y
J N E Q I I V L C J C E U K L R
A A V W C N K P A Y K F M V A Q
Z D A G L V E H E C M Q C O S C
W A C W Á V V N L G T W F J T W
L M I A C O U V T L Y I O Q C O
R A F O P D L O X E R A T D R Ã
C C Ó N R I C P L A T Ô E E I S
Q Q S N P D Ã Y X A P P J P S O
T J S O T N O M A B J E D V T R
M N I Q Q U A R T Z O D L K A E
Q I L L I F Á C I D O R M N I J
P G E Y S E R N A G U A U D S H
```

TERREMOTO
CÁLCIO
CONTINENTE
EROSÃO
FÓSSIL
GEYSER
FUNDIDO
CAVERNA
CORAL
CRISTAIS

QUARTZO
CAMADA
LAVA
PLATÔ
ESTALACTITE
PEDRA
VULCÃO
ZONA
SAL
ÁCIDO

22 - Specerijen

```
A L O B E C A D A C S O M Z O N
C Ç R J T Ç M A N I S H S I D I
I V A C K L A J G R I N Z C X Q
R A W F B U R O B A S I N L C O
P L A S R O G G Z J F M H T W S
Á H S Z Y Ã O G E R G O N E F Ç
P O T A B L O L P N X C X U J G
C O N Ç A Y G Q U T G M U F O J
Ç O M O M A D R A C P I R H I Q
O Z E F F Q T N C M A H B L H X
O H C N U F I C R D O V A R W K
Z Y O K T E P A A C R W Y A E O
V G D Z E R Z N V G F D W C J U
O B T K P O O E O I D O U D E R
F J R G G L P L I R A C Y M N A
V Q Ç X N Q Y A B A U N I L H A
```

ANIS
AMARGO
FENO-GREGO
GENGIBRE
CANELA
CARDAMOMO
CARIL
ALHO
COMINHO
COENTRO

CRAVO
NOZ-MOSCADA
PÁPRICA
AÇAFRÃO
SABOR
CEBOLA
BAUNILHA
FUNCHO
DOCE
SAL

23 - Groenten

```
A R U O N E C K N M R U P D C R
R L O R E Y O D F E M H X X O Y
E H H I B E J Ç R N J O U J G A
S R C O B K Y Z J I A V Y O U S
P G H W E T E N A B A R P P M L
I E A S R T J M L S O N I P E P
N N L Z I O K U O A E E A G L Ç
A G O F N L Z A B L T R B B O T
F I T Ç G O O O E A U V B E O J
R B A I E U P C C D X I B H Z P
E R P C L D I K Ó A S L A S P Y
I E T E A I A U F R O H E B O Y
I D N A V Ç K G G B B A A E Y G
V I Ç M I E A B Ó B O R A Ç S T
F Q K R L A L C A C H O F R A E
P A I X O O C T O M A T E P X F
```

ALCACHOFRA	ABÓBORA
BERINGELA	NABO
BRÓCOLIS	RABANETE
ERVILHA	SALADA
GENGIBRE	AIPO
ALHO	CHALOTA
PEPINO	ESPINAFRE
OLIVA	TOMATE
COGUMELO	CEBOLA
SALSA	CENOURA

24 - Archeologie

```
G V P L I B Q J D Y J D A J O F
T V R O D A G I T S E V N I B R
N Z O L U M Ú T E K B E Á C J A
E R F T U C M U A R I T L Ç E G
D Ç E P I U Q E Ç P A N I Q T M
A T S I L A I C E P S E S C O E
D P S A M N I N M M O D E I S N
I J O E D S J V Z H S N T V E T
U L R O M V G P O U S E E I S O
G O Ã Ç A I L A V A O C M L Q S
I Q W D L I S S Ó F O S P I U B
T X I H L C P T C T Q E L Z E A
N G G S K B Q J É Z U D O A C G
A I U Q Í L E R P R L A V Ç I N
Z J K P O R W K L Ç I Ç S Ã D Z
M M Q H F L X S I N S O B O O M
```

ANÁLISE
CIVILIZAÇÃO
OSSOS
ESPECIALISTA
AVALIAÇÃO
FÓSSIL
FRAGMENTOS
TÚMULO
MISTÉRIO
DESCENDENTE

OBJETOS
INVESTIGADOR
ANTIGUIDADE
PROFESSOR
RELÍQUIA
EQUIPE
TEMPLO
ERA
ESQUECIDO

25 - Dans

```
P  W  T  C  Q  B  Z  Ç  M  O  P  M  N  A  N  D
A  O  R  C  O  A  L  E  G  R  E  R  H  A  F  H
R  E  A  U  A  R  U  T  S  O  P  Z  B  L  F  J
C  R  D  L  P  U  E  C  U  L  T  U  R  A  P  O
E  B  I  T  W  O  Ç  O  L  C  F  V  M  U  O  V
I  E  C  U  X  U  Z  T  G  R  M  R  X  S  O  I
R  M  I  R  L  L  D  Ç  B  R  O  Q  H  I  T  S
O  O  O  A  S  A  L  T  A  R  A  I  C  V  O  S
C  Ç  N  L  D  O  S  T  R  Ç  N  F  A  R  T  E
K  Ã  A  M  Ú  S  I  C  A  I  S  W  I  W  N  R
H  O  L  M  N  G  K  A  W  S  T  H  R  A  E  P
C  L  Á  S  S  I  C  O  S  Ç  V  M  G  G  M  X
K  C  B  H  R  S  I  G  G  N  Z  T  O  R  I  E
A  C  A  D  E  M  I  A  A  V  E  H  D  A  V  G
J  T  P  W  W  L  B  E  B  Q  Q  L  N  Ç  O  Y
C  O  R  P  O  G  J  I  H  C  M  C  B  A  M  W
```

ACADEMIA	CLÁSSICO
MOVIMENTO	ARTE
ALEGRE	CORPO
COREOGRAFIA	MÚSICA
CULTURAL	PARCEIRO
CULTURA	ENSAIO
EMOÇÃO	RITMO
EXPRESSIVO	SALTAR
GRAÇA	TRADICIONAL
POSTURA	VISUAL

26 - Ziekte

```
A Z N A C K J Ç Z W Q X G R U H
B B E L I O C A R F L X Ç E U E
D H U E P I R R D V W H K S V R
O G R R X E P P Ô O C Q H P S E
M X O G Z S J C O N Ç H Y I A D
I A P I H X S C Ã A I L R R Ú I
N K A A F U G Y Ç I B C W A D T
A T T S Q V N T A R A R A T E Á
L Q I W G H K K R E K V Ç Ó M R
E P A Q U G H O O T C J Z R O I
G E N É T I C O C C E U Ç I R O
I M U N I D A D E A D Q R O D O
I Z C A F F B L Q B L H S A N S
D F D Q C O N T A G I O S O Í S
T E R A P I A P Ç Ç B M Ç M S O
V I M O L I N F L A M A Ç Ã O S
```

RESPIRATÓRIO	SAÚDE
ALERGIAS	CORAÇÃO
BACTERIANO	IMUNIDADE
CONTAGIOSO	CORPO
OSSOS	NEUROPATIA
ABDOMINAL	INFLAMAÇÃO
CRÔNICA	SEIO
HEREDITÁRIO	SÍNDROME
GENÉTICO	TERAPIA
CURA	FRACO

27 - Immigratie

```
N T L N M A X W S A Ç N A I R C
E E A D U L T O S P R P H F A L
S M G V F Z I A B R N C A I D Í
T M X O O Ã Ç E T O R P B N M N
R S O Ã C W L B S V Z N I A I G
E A K Ç K I L E G A G Q T N N U
S R Y A Q A A E I Ç V N A C I A
S I T U L X W Ç L Ã D X Ç I S E
E E L T K L G I Ã O K D Ã A T O
L T V I P R A Z O O G X O M R G
H N Q S O T N E M U C O D E A K
C O M U N I C A Ç Ã O K U N Ç Z
P R O C E S S O D C F X I T Ã B
U F S O L U Ç Ã O U Y D X O O A
O F I C I A L L L H J F Ç W A L
Q S Z U J R Q J P F R A G Q K F
```

ADMINISTRAÇÃO
PROTEÇÃO
COMUNICAÇÃO
DOCUMENTOS
FINANCIAMENTO
APROVAÇÃO
FRONTEIRAS
HABITAÇÃO
AJUDA
CRIANÇAS

OFICIAL
NEGOCIAÇÃO
SOLUÇÃO
PROCESSO
SITUAÇÃO
ESTRESSE
LÍNGUA
PRAZO
ADULTOS
LEI

28 - Mythologie

```
C  C  G  Q  Ç  B  T  X  N  K  M  P  P  E  J  T
R  I  N  U  N  X  A  R  S  C  É  U  E  K  V  H
I  Ú  D  R  O  Ç  M  X  O  R  T  S  N  O  M  E
A  M  B  C  N  E  Y  A  Ç  V  M  B  D  W  U  R
Ç  E  A  R  U  T  A  I  R  C  Ã  P  S  H  F  O
Ã  S  D  Ç  G  L  S  D  J  Q  Ç  O  Ç  L  C  Í
O  O  N  E  B  Q  T  M  Ç  Z  U  I  R  M  I  N
D  R  E  L  Y  V  E  U  T  X  S  É  J  R  T  A
U  I  L  Y  J  E  G  S  R  Q  C  W  T  X  P  N
R  E  L  Â  M  P  A  G  O  A  V  A  V  I  G  A
N  R  A  L  A  B  I  R  I  N  T  O  L  X  P  P
F  R  T  H  E  R  Ó  I  A  L  Ç  M  S  Ç  P  O
O  E  R  T  S  A  S  E  D  I  X  K  W  A  D  L
R  U  O  T  N  E  M  A  T  R  O  P  M  O  C  Q
Ç  G  M  I  M  O  R  T  A  L  I  D  A  D  E  P
A  Ç  N  A  G  N  I  V  T  Q  V  C  D  O  M  B
```

ARQUÉTIPO	CIÚMES
RELÂMPAGO	FORÇA
CRIAÇÃO	GUERREIRO
CULTURA	LENDA
TROVÃO	MONSTRO
LABIRINTO	IMORTALIDADE
COMPORTAMENTO	DESASTRE
HERÓI	MORTAL
HEROÍNA	CRIATURA
CÉU	VINGANÇA

29 - Eten #1

```
S V Q T J U F B D Ç N B J Q N Q
A J F R O O C U S H H J G Q O Y
L C S T E Ç N M V C U L C J L
A W P F D S V H Z D Z S S E R L
D S L X P A P J Ç J C A E N D E
A U Ç P V M A I Y S L L H O A I
H R Y P Ç A L E N A C I W U L T
C A M E N D O I M A R E P R H E
L E R Y D E P Z I Ç F T J A O Y
J F B V E N A T U M M R D O B L
T I Z O D S C A R N E U E G R T
W A J Ã L D O Ã C I R E J N A M
P C Z M T A V P C E V A D A C M
T Y R I X E H Y A R S Q Q R Ú S
C G A L P M R R N P A Ç M O Ç X
I W W M F W U A W P P F A M A M
```

MORANGO
DAMASCO
MANJERICÃO
LIMÃO
CEVADA
CANELA
ALHO
LEITE
PERA
AMENDOIM

SALADA
SUCO
SOPA
ESPINAFRE
AÇÚCAR
ATUM
CEBOLA
CARNE
CENOURA
SAL

30 - Avontuur

```
A D C Ç S T C E U A L E H P S U
M E T P F P H G I Ç L N O R U C
I S N Z V Ç A F K N B T E E R H
G T B U D N N P C A J U Ç P P D
O I B S H V C E I R Z S O A R N
S N A N W Z E U O F I P R E O
J O K E E Ç P D F G F A J A E V
B E Y G I G W S E E Z S O Ç N O
Y R Ç A Z E L E B S F M S Ã D Ã
I W A I N C O M U M A O O O E S
H F I V V D J R V U T F G V N R
Ç M R I U R G R I U C F I R T U
C R G V V R Ç F B N W D R O E C
K M E O Ã Ç A G E V A N E B S X
Z X L A T I V I D A D E P X T E
K Q A H A Ç T L N A T U R E Z A
```

ATIVIDADE
DESTINO
ENTUSIASMO
EXCURSÃO
PERIGOSO
CHANCE
BRAVURA
NATUREZA
NAVEGAÇÃO
NOVO

INCOMUM
VIAGENS
BELEZA
DESAFIOS
SEGURANÇA
SURPREENDENTE
PREPARAÇÃO
ALEGRIA
AMIGOS

31 - Restaurant #2

```
P  Q  Ç  C  P  R  E  G  L  B  H  K  C  Z  L  H
I  C  I  J  P  U  S  Ç  K  O  A  T  U  R  F  A
C  V  U  A  G  X  P  P  I  Ç  R  U  G  X  O  D
V  H  Q  N  V  X  E  J  Y  X  I  Z  G  E  L  O
E  N  O  T  Q  Y  C  C  U  M  E  P  X  Á  O  V
Z  A  O  A  Ç  Ç  I  Y  E  U  D  E  M  A  B  O
H  Ç  S  R  R  G  A  S  A  L  A  I  A  W  M  Ç
Ç  L  N  Y  S  V  R  S  V  Z  C  X  C  B  D  O
Q  U  B  S  G  S  I  B  J  B  Z  E  A  K  E  M
F  X  G  D  A  Q  A  K  E  T  J  N  R  M  L  L
V  F  U  Ç  J  L  S  Ç  X  B  N  P  R  M  I  A
C  O  L  H  E  R  A  S  Ç  C  I  X  Ã  H  C  V
L  F  Q  O  I  K  U  D  F  H  V  D  O  Ç  I  W
M  R  Ç  A  L  J  E  B  A  S  T  V  A  P  O  S
E  A  L  E  G  U  M  E  S  M  V  U  E  Ç  S  O
R  G  M  S  B  G  A  R  Ç  O  M  Ç  F  L  O  E
```

BOLO	MACARRÃO
JANTAR	GARÇOM
BEBIDA	SALADA
OVO	SOPA
FRUTA	ESPECIARIAS
LEGUMES	CADEIRA
DELICIOSO	PEIXE
GELO	GARFO
COLHER	ÁGUA
ALMOÇO	SAL

32 - De Media

```
N  Ç  S  U  E  L  M  K  I  L  P  G  P  F  S  C
W  R  R  D  R  N  B  K  B  Z  O  Y  A  Ç  Ç  O
H  Ç  E  N  K  V  D  E  C  I  G  C  Ç  N  J  M
O  B  X  D  F  A  T  O  S  T  Q  Q  A  Y  N  E
D  T  Ç  R  E  P  F  Z  S  O  B  S  Z  L  U  R
K  G  O  T  N  E  M  A  I  C  N  A  N  I  F  C
I  N  D  I  V  I  D  U  A  L  L  L  A  U  N  I
I  N  T  E  L  E  C  T  U  A  L  L  I  D  J  A
C  O  M  U  N  I  C  A  Ç  Ã  O  M  R  N  S  L
B  X  H  D  I  G  I  T  A  L  T  X  T  L  E  V
F  O  T  O  S  I  A  N  R  O  J  T  S  G  D  E
E  D  U  C  A  Ç  Ã  O  C  I  L  B  Ú  P  U  D
I  O  P  I  N  I  Ã  O  D  Ç  D  Ç  D  R  T  I
R  Á  D  I  O  Q  Ç  B  R  Ç  U  M  N  T  I  Ç
T  E  L  E  V  I  S  Ã  O  X  H  G  I  X  T  Ã
N  T  Z  R  U  R  T  N  C  B  O  S  P  J  A  O
```

COMERCIAL	INTELECTUAL
COMUNICAÇÃO	JORNAIS
DIGITAL	LOCAL
EDIÇÃO	OPINIÃO
FATOS	REDE
FINANCIAMENTO	EDUCAÇÃO
FOTOS	ONLINE
ATITUDES	PÚBLICO
INDIVIDUAL	RÁDIO
INDÚSTRIA	TELEVISÃO

33 - Bijen

```
K C A X Z P P A L H Y C X H F A
L J I Q D O L C I K Ç N F L O R
E N X A M E A I E M L O C D T R
K C B U I T N T R L S D M I E S
O D Y E J M T L G A D U O V S Ç
S A S A N Q A T U R F A Y E N V
N E L Ó P É S Z V I P N W R I I
J A R D I M F E K W E T U S C M
Ç H F O P M S I C E R A Ç I A R
H N B U L O S L C W P T M D E Q
C I C T M F T P F O O I T A Y E
L A T F H A O M Q X Q B E D I E
N R S Y Z T Ç M E L P A H E R A
G Q N U Z D Z A W S I H C M N A
E C O S S I S T E M A K H Y R D
A S O Y F A Q Ç I G Z T R J E Q
```

COLMEIA
FLORES
FLOR
DIVERSIDADE
ECOSSISTEMA
FRUTA
HABITAT
MEL
INSETO
RAINHA

PLANTAS
FUMAÇA
PÓLEN
JARDIM
ASAS
BENÉFICO
CERA
SOL
ENXAME

34 - Wandelen

```
Z M C P V W A V O C S A H N E P
C L I M A B I K R V A U Q Z L W
M M O Ç O C N Y I Ç T G Z M W F
Y O V S A N B J E A O Á P S N S
N Ã N O T P B O N M B E A P A M
A Ç U T V O J T T U G R S P Z
T A S I A M I N A K R C Q E E O
U R A U C N H E Ç B T U U L R X
R A R Q J T H M Ã C V T E V I A
E P D S X F I A O S Q D S A G I
Z E E O O C D P D S T G B G O I
A R P M I E M M A I A Z H E S V
E P U Y B O D A S E P J K M A I
Z D U N G L S C N F Ç B A D T I
X R Q Z Ç B K A A T A P D H W B
W N S L E I Q Q C W Ç Ç G Z Ç J
```

MONTANHA	NATUREZA
ANIMAIS	ORIENTAÇÃO
PERIGOS	PARQUES
MAPA	PEDRAS
ACAMPAMENTO	CUME
PENHASCO	PREPARAÇÃO
CLIMA	ÁGUA
BOTAS	SELVAGEM
CANSADO	SOL
MOSQUITOS	PESADO

35 - Ecologie

```
C D F L Z Q Z S M L H K P C B G
H O T A T I B A H A R E O L P A
Ç X M R U M Z R F B R J V I L V
V O U U D N V O D O Q I T M R R
C V J T N E A L Y L S O N A C M
O V W A Ç I L F Q G I W Q H M O
K R G N J E D A D E I R A V O N
S E C A R S S A T N A L P R M T
N A T U R E Z A D E V Z R X N A
X A I C N Ê V I V E R B O S K N
E S P É C I E S T W S K J P V H
N N F P S U S T E N T Á V E L A
C H W Q D I V E R S I D A D E S
V O L U N T Á R I O S I C M J V
Y B Z Z T X U P M S Y P J Z S X
V E G E T A Ç Ã O P Â N T A N O
```

MONTANHAS
DIVERSIDADE
SECA
SUSTENTÁVEL
FAUNA
FLORA
COMUNIDADES
GLOBAL
HABITAT
CLIMA

MARINHO
PÂNTANO
NATUREZA
NATURAL
SOBREVIVÊNCIA
PLANTAS
ESPÉCIES
VARIEDADE
VEGETAÇÃO
VOLUNTÁRIOS

36 - Biologie

```
F  M  N  E  R  V  O  V  S  Y  Q  K  L  F  C  R
J  O  U  F  X  T  O  Ã  I  R  B  M  E  T  Q  O
S  Ã  T  T  U  C  N  F  N  H  Ç  E  R  C  E  B
Z  Ç  V  O  A  C  S  X  A  O  S  P  P  R  N  J
D  A  K  Q  S  Ç  L  X  P  R  Ç  R  O  O  E  W
L  R  N  F  E  S  Ã  V  S  M  U  O  N  M  V  S
H  I  Q  Ç  Y  M  Í  O  E  O  W  T  E  O  O  K
S  P  Z  A  M  I  Z  N  E  N  V  E  U  S  L  F
G  S  A  Q  F  E  Ç  U  T  A  Ç  Í  R  S  U  U
R  E  S  O  M  S  O  Z  C  E  L  N  Ô  O  Ç  Q
C  R  A  N  A  T  O  M  I  A  S  A  N  M  Ã  O
J  É  N  A  T  U  R  A  L  F  I  E  I  A  O  R
G  S  L  I  T  P  É  R  O  Z  W  K  O  A  N  I
Z  C  R  U  E  N  A  S  I  M  B  I  O  S  E  Q
N  A  Z  D  L  M  A  M  Í  F  E  R  O  M  Ç  H
O  I  N  É  G  A  L  O  C  A  I  K  G  T  I  Q
```

RESPIRAÇÃO   HORMONA
ANATOMIA   MUTAÇÃO
CÉLULA   NATURAL
CROMOSSOMA   NEURÔNIO
COLAGÉNIO   OSMOSE
PROTEÍNA   RÉPTIL
EMBRIÃO   SIMBIOSE
ENZIMA   SINAPSE
EVOLUÇÃO   NERVO
FOTOSSÍNTESE   MAMÍFERO

37 - Landen #1

```
M M H G E P K J T N I I C Q E P
A C I G L É B Q R W D T D I G O
R U C A R O M Ê N I A Á G T I L
R I G A L M N G Z J O L M H T Ô
O R N Á N E L I H C B I G J O N
C A D Ç R A M N H Á M A N A P I
O Q N N O A D A I B Í L U V G A
S U Y O R V C Á N E W E C I P E
L E A R S I P I V H R T N O A S
W A K U G W H W N U A Ô Ç L H P
Z N I E C A M B O J A N C B F A
O Ç L G S E N E G A L I P K L N
L I S A R B L H D D P A A U E H
E X L R G R X B L Z C K Z S C A
Q A T Ç N A Q K Z Y S L K F L J
Z X C R W Q Z H R Y J A F T A X
```

BÉLGICA
BRASIL
CAMBOJA
CANADÁ
CHILE
ALEMANHA
EGITO
IRAQUE
ISRAEL
ITÁLIA

LETÔNIA
LÍBIA
MARROCOS
NICARÁGUA
NORUEGA
PANAMÁ
POLÔNIA
ROMÊNIA
SENEGAL
ESPANHA

38 - Installaties

```
E  H  J  T  P  K  K  I  Z  A  G  A  B  O  C  I
N  R  F  L  O  R  B  K  N  H  O  R  O  A  E  U
B  M  V  K  H  O  Ç  G  F  L  O  R  E  S  T  A
W  A  M  A  R  G  Q  M  M  O  T  H  R  O  N  C
C  F  M  E  G  A  H  L  O  F  S  R  O  M  A  I
G  L  R  B  F  L  R  P  G  N  U  A  V  F  Z  N
F  V  R  T  U  D  G  P  S  O  B  E  R  Q  I  Â
L  J  A  R  D  I  M  V  U  Ã  R  U  Á  W  L  T
O  H  X  P  T  E  O  V  M  Ç  A  J  U  V  I  O
R  I  F  R  A  I  Z  Ç  C  A  C  T  O  I  T  B
A  X  E  Y  K  C  C  Q  H  T  P  O  F  Ç  R  L
B  I  I  H  N  E  O  G  U  E  N  K  Z  V  E  Z
M  A  J  E  F  M  H  T  W  G  K  N  H  N  F  K
H  C  Ã  T  G  C  A  B  H  E  R  A  G  N  P  L
C  S  O  U  L  X  F  B  M  V  B  J  Y  Q  L  S
I  V  R  J  Q  U  A  Y  C  F  N  H  U  U  H  M
```

BAMBU	GRAMA
BAGA	HERA
FOLHA	ERVA
FLOR	FERTILIZANTE
ÁRVORE	MUSGO
FEIJÃO	BOTÂNICA
FLORESTA	ARBUSTO
CACTO	JARDIM
FLORA	VEGETAÇÃO
FOLHAGEM	RAIZ

39 - Agronomie

```
S  M  Q  B  R  O  Ã  Ç  I  U  L  O  P  C  C  P
A  E  T  Y  P  L  R  O  I  Q  A  U  G  Á  R  R
M  T  M  S  K  A  E  G  N  Z  R  T  X  D  E  O
E  N  W  E  D  R  H  C  Â  U  U  B  E  B  S  D
T  A  N  M  N  U  X  Ç  O  N  R  I  P  W  C  U
S  Z  O  U  E  T  J  U  Ã  L  I  U  F  E  I  Ç
I  I  I  G  B  L  E  L  S  U  O  C  K  O  M  Ã
S  L  S  E  N  U  L  S  O  A  E  G  O  X  E  O
M  I  G  L  A  C  C  X  R  S  A  G  I  G  N  W
M  T  Ç  C  A  I  G  R  E  N  E  D  Ç  A  T  U
Z  R  O  H  K  R  C  I  Ê  N  C  I  A  M  O  J
T  E  I  Z  W  G  D  O  E  N  Ç  A  S  X  L  H
L  F  W  F  P  A  S  I  U  Q  S  E  P  M  A  M
S  U  S  T  E  N  T  Á  V  E  L  N  Y  F  E  Z
D  G  A  M  B  I  E  N  T  E  E  J  Y  Ç  X  W
I  D  E  N  T  I  F  I  C  A  Ç  Ã  O  B  Z  T
```

SUSTENTÁVEL	AMBIENTE
ECOLOGIA	PESQUISA
ENERGIA	ORGÂNICO
EROSÃO	PRODUÇÃO
CRESCIMENTO	SISTEMAS
LEGUMES	POLUIÇÃO
IDENTIFICAÇÃO	ÁGUA
AGRICULTURA	CIÊNCIA
RURAL	SEMENTES
FERTILIZANTE	DOENÇAS

40 - Oceaan

```
P P U D A Ç G M E D U S A A C T
E E A F T I O C R A B É L P A A
S A I A U D L Q A C S R W O R R
P Y E X M U F B A M B A Ç L A T
O W M Ç E V I N E W A M G V N A
N G Ç T Z G N H S I A R X O G R
J D T V E J H N G H A Ã G U U
A E V J T M O R E C I F E O E G
A L C M E Ç P Q O Q S O O Ã J A
A L G A H E G E W O Q E K R O Z
K A Z K S W O E S Q Ç P J A Z L
T S L H V O S N C T Q Ç W B X D
G D Y U R T T G I C A P K U H O
I X P U P H R U O T M D B T W P
E S L Ç V A A I E L A B E U A W
X I F J E L L A C N N C O R A L
```

ENGUIA	POLVO
ALGA	OSTRA
BARCO	RECIFE
GOLFINHO	TARTARUGA
CAMARÃO	ESPONJA
MARÉS	TEMPESTADE
TUBARÃO	ATUM
CORAL	PEIXE
CARANGUEJO	BALEIA
MEDUSA	SAL

41 - Landen #2

```
Q U F F F H R D G A D N A L R I
E U R R V W L I H K G I I L S U
L B Ê X Ç P E I E D J G S Í O R
J V V N H A S R E A S É É B M G
R X R L I J A P Ã O A R N A Á W
K I Q S R A I S S Ú R I O N L N
B X M W O C I X É M C A D O I E
R S S C A R A X B M A C N R A P
J C F G D A U Q O A I Q I E E A
C I Z Q L M E G U C R Â N I A L
D P N O I A V T A I S Á L A M M
Y H L P B N G O I N A J A Ç D A
Z S Ç H É I X X C Ó D H O N K Q
W D J N R D N Y É W P A S A P K
Z Y Z A I R Í S R Q P I P R M I
V Q C A A Y S Z G E Ç U A F J T
```

DINAMARCA	LIBÉRIA
ETIÓPIA	MALÁSIA
FRANÇA	MÉXICO
GRÉCIA	NEPAL
IRLANDA	NIGÉRIA
INDONÉSIA	UGANDA
JAPÃO	UCRÂNIA
QUÊNIA	RÚSSIA
LAOS	SOMÁLIA
LÍBANO	SÍRIA

42 - Bloemen

```
P E Ô N I A A B P A P O U L A R
I G Z K W C B U L O T X U Ç I O
U H O I R Í L Q P É T A L A O S
E P V K N Y V U J U J F I I R A
N X E Z O P M Ê P M R O V L Q I
G A R D Ê N I A K U Ç I U Ó U R
G R T Z J A M T U L I P A N Í E
N I O R O C S I B I H W K G D M
V A R W W E A L A V A N D A E U
A K R A T Y J N V D L L Z M A L
Z H Ç C S O C Z N S M I J R M P
M U W V I S J O H R B L J Ç O V
C L N V J S O G N G T Á U A I G
V F J R Q P O L Ç W F S E D B X
F S A B D E N T E D E L E Ã O V
V I M A R G A R I D A M Y E Y O
```

PÉTALA
BUQUÊ
GARDÊNIA
HIBISCO
JASMIM
TREVO
LAVANDA
LÍRIO
LILÁS
MARGARIDA

MAGNÓLIA
NARCISO
ORQUÍDEA
DENTE-DE-LEÃO
PAPOULA
PEÔNIA
PLUMERIA
ROSA
TULIPA
GIRASSOL

43 - Landschappen

```
A E G E B J E N W H O Ã C L U V
T B O J X Y C S V A C R O N G C
A U O F Q E Y T Ç F E W L I E A
C S N O L G Y Q C P A Z I P R V
S Y A D O Y S D N R N K N Z A E
A Z T G R F P F Y L O F A A M R
C B N Ç E A M O N T A N H A U N
G Y Â L S P Y I D A O M L R X A
N V P N Y D E S E R T O I I E F
N T H G E I C E B E R G S E T E
G F T U G G S V C L D A J L O O
S C D C O Á S I S M K L P E R X
P E N Í N S U L A R V E O G X Z
P R A I A O Y E W D S A X B S K
O J L M A P D S K X C V L Q R N
J F X X N B P X B U M M M E O B
```

MONTANHA	OCEANO
ILHA	RIO
GEYSER	PENÍNSULA
GELEIRA	PRAIA
CAVERNA	TUNDRA
COLINA	VALE
ICEBERG	VULCÃO
LAGO	CASCATA
PÂNTANO	DESERTO
OÁSIS	MAR

44 - Tuin

```
H  S  N  F  O  T  V  I  D  E  I  R  A  K  Á  P
Z  W  Ç  N  L  E  J  A  R  D  I  M  M  C  R  G
O  J  C  G  E  R  B  M  L  M  C  W  H  U  V  B
M  N  X  J  T  R  E  L  V  Z  N  Z  J  A  O  V
P  O  M  A  R  A  R  I  E  U  G  N  A  M  R  K
C  C  G  D  G  Ç  C  F  L  O  R  M  X  I  E  I
I  N  Ç  N  R  O  F  R  M  A  C  A  T  E  M  E
M  A  I  A  A  T  B  U  E  E  Q  H  V  S  Q  C
A  B  V  R  M  S  C  Q  W  C  K  H  B  D  S  T
H  H  Q  A  A  U  A  N  C  I  N  H  O  H  F  D
B  T  Ç  V  Q  B  W  M  Q  J  L  S  K  N  D  Ç
X  Z  U  T  X  R  Y  B  E  G  B  A  R  O  V  S
Z  E  L  D  Q  A  J  I  L  P  Ç  N  G  N  I  O
T  R  A  M  P  O  L  I  M  Q  N  M  N  O  Y  L
P  H  H  U  N  G  R  A  M  A  D  O  W  J  A  O
I  Z  W  K  G  A  R  A  G  E  M  E  E  I  Ç  X
```

BANCO   CERCA
FLOR   PÁ
SOLO   MANGUEIRA
ÁRVORE   ARBUSTO
POMAR   TERRAÇO
GARAGEM   TRAMPOLIM
GRAMADO   JARDIM
GRAMA   VARANDA
MACA   LAGOA
ANCINHO   VIDEIRA

45 - Beroepen #2

```
A D J C I R U R G I Ã O M B C I
T G E O R I E H N E G N E I S N
S N R T R O S S E F O R P B Q V
I O R I E N I D R A J B E L W E
U C D H C T A Q Z V K W Y I C S
G I M O S U I L S E P C E O I T
N D H H S N L V I E S V R T L I
I É O O Ç G D T E S K H U E U G
L M J F X R U J O S T S F C S A
P I L O T O B P W R D A W Á T D
V A T S I T N E D I N I W R R O
P V E Ó D N R O T N E V N I A R
Z S Y L I I F C U R M B M O D G
H Y F I L P B I Ó L O G O U O U
Z W O F A R G Ó T O F B E R R A
A S T R O N A U T A H Y P T R Z
```

MÉDICO	ENGENHEIRO
ASTRONAUTA	JORNALISTA
BIBLIOTECÁRIO	PROFESSOR
BIÓLOGO	LINGUISTA
AGRICULTOR	INVESTIGADOR
CIRURGIÃO	PILOTO
DETETIVE	PINTOR
FILÓSOFO	DENTISTA
FOTÓGRAFO	JARDINEIRO
ILUSTRADOR	INVENTOR

46 - Dagen en Maanden

```
W  S  F  D  S  T  B  R  D  N  V  N  E  C  P  S
O  E  O  E  S  O  E  N  O  V  E  M  B  R  O  E
R  M  D  L  V  Ç  K  R  P  R  X  H  A  P  H  T
B  A  K  R  D  E  V  U  Ç  Y  Ç  L  R  J  L  E
U  N  C  B  O  Ç  R  A  M  A  W  H  I  Q  U  M
T  A  I  B  I  X  W  E  I  X  O  L  E  S  J  B
U  H  N  M  R  Z  D  X  I  T  W  V  F  Ç  E  R
O  D  A  B  Á  S  Ê  M  W  R  A  A  A  C  O  O
T  N  Z  X  D  F  D  U  Ç  S  O  G  T  R  V  N
S  E  G  U  N  D  A  F  E  I  R  A  X  S  S  A
O  U  Q  K  E  Q  U  A  R  T  A  F  E  I  R  A
G  J  L  Q  L  J  A  N  E  I  R  O  S  S  F  L
A  P  U  N  A  R  I  E  F  A  T  N  I  U  Q  H
Ç  N  U  N  C  R  R  Y  T  B  S  Ç  U  V  G  U
O  K  Q  U  H  I  F  Z  S  O  O  H  C  R  V  L
L  K  T  P  V  O  G  N  I  M  O  D  C  X  A  T
```

AGOSTO	SEGUNDA-FEIRA
TERÇA	MARÇO
QUINTA-FEIRA	NOVEMBRO
FEVEREIRO	OUTUBRO
ANO	SETEMBRO
JANEIRO	SEXTA-FEIRA
JULHO	SEMANA
JUNHO	QUARTA-FEIRA
CALENDÁRIO	SÁBADO
MÊS	DOMINGO

47 - Beeldende Kunsten

```
J  B  Y  C  B  M  O  C  B  J  V  Z  D  O  R  O
D  T  U  A  R  E  C  E  T  E  L  A  V  A  C  V
Y  O  K  R  H  G  E  R  C  N  Y  Z  F  B  J  L
E  I  W  V  I  X  R  Â  P  R  S  C  Y  O  Z  V
T  J  J  Ã  Z  K  B  M  Q  I  N  W  C  F  J  W
O  V  X  O  A  A  V  I  T  C  E  P  S  R  E  P
P  Z  V  Z  T  D  N  C  A  R  U  T  N  I  P  E
F  I  L  M  E  Ç  I  A  M  R  M  X  S  B  Z  S
H  G  Z  I  N  R  E  V  E  S  G  V  M  O  I  T
R  E  T  R  A  T  O  T  W  F  S  I  P  Á  L  Ê
G  V  U  Y  C  Q  A  B  O  A  O  R  L  Z  M  N
A  R  Q  U  I  T  E  T  U  R  A  A  K  A  U  C
C  R  I  A  T  I  V  I  D  A  D  E  I  Ç  R  I
H  A  P  C  Z  C  O  B  R  A  P  R  I  M  A  L
C  O  M  P  O  S  I  Ç  Ã  O  A  C  L  H  A  T
A  R  T  I  S  T  A  R  U  T  L  U  C  S  E  U
```

ARQUITETURA
ARTISTA
ESCULTURA
CRIATIVIDADE
CAVALETE
FILME
CARVÃO
CERÂMICA
ARGILA
GIZ

OBRA-PRIMA
CANETA
PERSPECTIVA
RETRATO
LÁPIS
COMPOSIÇÃO
PINTURA
ESTÊNCIL
VERNIZ
CERA

48 - Mode

```
K  R  O  B  E  J  V  Z  E  W  C  U  D  M  A  J
N  O  R  R  O  S  H  B  L  W  O  Q  C  L  Q  W
J  V  A  C  I  R  T  A  I  C  N  Ê  D  N  E  T
F  O  C  C  X  G  D  I  G  D  F  T  C  D  M  Y
P  N  Y  S  O  F  I  A  L  Q  O  E  E  R  E  F
P  R  Á  T  I  C  O  N  D  O  R  X  L  M  D  H
T  E  C  I  D  O  U  A  A  O  T  T  E  O  I  Ç
B  D  B  O  T  Õ  E  S  P  L  Á  U  G  D  D  G
O  O  R  E  N  D  A  Z  U  E  V  R  A  E  A  S
U  M  N  J  Ç  B  T  R  O  V  E  A  N  S  S  I
T  M  T  Ç  A  A  L  L  R  Í  L  Z  T  T  W  M
I  M  I  N  I  M  A  L  I  S  T  A  E  O  J  P
Q  I  F  O  N  T  Z  M  I  S  D  A  X  Z  C  L
U  E  J  H  G  T  W  E  V  E  P  D  U  Z  M  E
E  L  S  O  P  O  F  Q  I  C  G  C  I  M  G  S
Z  P  O  Z  T  H  G  X  M  A  R  O  B  O  F  U
```

MEDIDAS
MODESTO
ACESSÍVEL
BORDADO
CONFORTÁVEL
CARO
SIMPLES
ELEGANTE
RENDA
ROUPA

BOTÕES
MINIMALISTA
MODERNO
ORIGINAL
PRÁTICO
ESTILO
TECIDO
TEXTURA
TENDÊNCIA
BOUTIQUE

49 - Tuinieren

```
E  T  D  C  A  L  W  L  P  R  U  F  O  L  H  A
U  T  D  O  V  F  M  L  Ç  H  F  S  P  K  Ç  R
C  I  V  D  Z  O  H  B  Q  P  W  E  W  T  S  E
L  F  O  L  H  A  G  E  M  M  R  T  P  M  A  C
H  N  A  R  I  E  J  U  S  E  F  N  H  G  Z  I
S  E  V  M  Z  E  S  P  É  C  I  E  S  U  O  P
E  X  Ó  T  I  C  O  T  S  O  P  M  O  C  N  I
P  L  L  F  E  L  F  X  N  L  X  E  P  G  A  E
U  O  A  T  W  D  C  B  L  O  C  S  Z  X  L  N
M  D  M  I  L  E  V  Í  T  S  E  M  O  C  P  T
I  Ç  H  A  J  M  L  F  R  Ç  G  Ç  M  Á  Y  E
D  I  R  Q  R  O  L  F  L  V  Z  P  Z  G  W  H
A  B  O  T  Â  N  I  C  O  O  A  H  H  U  M  P
D  B  U  Q  U  Ê  G  B  V  P  R  Ç  P  A  Ç  G
E  V  Y  I  A  R  I  E  U  G  N  A  M  H  L  P
W  M  Z  V  F  I  X  F  Y  N  S  O  L  V  M  R
```

FOLHA	EXÓTICO
FLORAL	FOLHAGEM
FLOR	CLIMA
SOLO	SAZONAL
BUQUÊ	MANGUEIRA
POMAR	ESPÉCIES
BOTÂNICO	UMIDADE
COMPOSTO	SUJEIRA
RECIPIENTE	ÁGUA
COMESTÍVEL	SEMENTES

50 - Menselijk Lichaam

```
O  E  A  I  C  B  Y  E  P  G  A  J  X  A  L  E
Z  K  B  O  H  O  L  E  Z  O  N  R  O  T  Í  S
B  S  O  D  Ç  Ç  T  S  R  Ã  R  R  R  N  N  T
Y  I  U  S  F  O  I  O  N  M  E  L  B  A  G  Ô
V  Z  I  B  G  C  K  R  V  E  P  O  E  V  U  M
D  M  P  Y  N  S  M  B  L  E  D  C  R  J  A  A
F  Q  H  J  Z  E  Ç  M  Y  I  L  G  É  I  X  G
Z  H  C  K  Z  P  S  O  D  E  D  O  C  U  S  O
Y  K  L  K  I  O  M  A  L  U  B  Í  D  N  A  M
V  A  A  U  R  T  C  Ç  N  B  G  Q  Z  X  H  Z
V  Ç  I  R  N  G  O  E  B  G  O  G  I  P  L  P
Ç  H  I  A  Z  J  R  B  K  D  U  C  R  P  E  I
J  O  E  L  H  O  A  A  X  F  M  E  A  P  R  S
L  Y  L  O  D  A  Ç  C  E  B  Q  S  N  X  O  E
H  I  E  H  P  G  Ã  N  X  T  Q  U  E  I  X  O
F  Ç  P  K  Y  T  O  Q  V  R  S  Z  Q  N  C  F
```

PERNA   QUEIXO
SANGUE   JOELHO
COTOVELO   ESTÔMAGO
TORNOZELO   BOCA
MÃO   PESCOÇO
CORAÇÃO   NARIZ
CÉREBRO   ORELHA
CABEÇA   OMBRO
PELE   LÍNGUA
MANDÍBULA   DEDO

51 - Energie

```
C  P  U  F  F  O  I  A  B  B  B  S  Z  M  V  N
Y  O  N  O  B  R  A  C  M  A  X  G  T  O  V  Ç
K  L  B  C  O  Q  N  J  J  B  T  Q  Q  T  A  Ç
K  U  I  I  O  M  I  M  S  E  I  E  Ç  O  P  E
U  I  A  R  Y  V  L  A  A  R  O  E  R  R  O  P
H  Ç  T  T  E  J  O  T  N  E  V  R  N  I  R  M
O  Ã  D  É  L  E  S  E  I  D  J  R  D  T  A  Z
V  O  Q  L  Q  Q  A  D  N  O  R  T  É  L  E  F
L  C  O  E  J  V  G  Ç  J  T  Q  T  Ç  X  X  O
L  D  M  T  U  R  B  I  N  A  R  C  B  P  O  H
C  A  L  O  R  A  E  L  C  U  N  O  T  Ó  F  V
R  E  N  O  V  Á  V  E  L  W  V  Y  P  F  N  S
G  D  I  C  Q  A  I  R  T  S  Ú  D  N  I  C  Y
C  O  M  B  U  S  T  Í  V  E  L  D  K  I  A  K
U  A  S  E  Q  N  F  T  U  Ç  Q  G  T  S  X  I
H  I  D  R  O  G  Ê  N  I  O  N  N  M  G  N  D
```

BATERIA	CARBONO
GASOLINA	MOTOR
COMBUSTÍVEL	NUCLEAR
DIESEL	AMBIENTE
ELÉTRICO	VAPOR
ELÉTRON	TURBINA
ENTROPIA	POLUIÇÃO
FÓTON	CALOR
RENOVÁVEL	HIDROGÊNIO
INDÚSTRIA	VENTO

52 - Familie

```
A G U P Q U F A J T W F I L H A
H N Ê I H C V M H Q I S G H T A
N S T M M C O H A X S B R U S V
I O K E E Ã M Y I B T S N J X Ô
R B F O P O Ã M R I T Q Y F I U
B R R Ó V A S I V G I D O X O R
O I P I Ç Ç S I N F O D I R A M
S N A C T N E Ç F I R M Ã S N
A H I I M A I T A D Â D X X O J
Ç O D T Q I M W N D R N Q W P T
N T V U X R S D V G O Z C F S J
A E L G P C P A T E R N O I E F
I N J W Ç Q L K J G P T Y P A K
R I Ç U T E B D W L Z X W V J L
C T C I J U V U A Q S O Y Ç S R
F J B D Ç E T Ç M X V B I E Z K
```

IRMÃO   SOBRINHA
FILHA   TIO
AVÓ   AVÔ
INFÂNCIA   TIA
CRIANÇA   GÊMEOS
CRIANÇAS   PAI
NETO   PATERNO
MARIDO   ANTEPASSADO
MÃE   ESPOSA
SOBRINHO   IRMÃ

53 - Gebouwen

```
C Y U R A O L E Q G I O R T G V
E A M E N I C U K X D B U I L H
S D S O E I E C L X K S T K Q Z
C A M T E D A D I S R E V I N U
O X U N E N I B A C E R G L O L
L I S E K L E T O H O V O L D F
A A E M D M O R K D V A I U A V
Ç B U A N V I E V T P T R S C P
B M D T A O D W S V J Ó Ó L R O
T E O R S M Á Ç B F O R T A E T
O M N A M O T F D A R I A T M V
R U Z P L U S B Z S I O R I R D
R M K A D N E Z A F E D O P E V
E C L N M F M O X U L D B S P Q
Y F Á B R I C A D N E T A O U Ç
N W X F W F D X T M C U L H S L
```

EMBAIXADA	OBSERVATÓRIO
APARTAMENTO	ESCOLA
CINEMA	CELEIRO
FAZENDA	ESTÁDIO
CABINE	SUPERMERCADO
FÁBRICA	TENDA
HOTEL	TEATRO
CASTELO	TORRE
LABORATÓRIO	UNIVERSIDADE
MUSEU	HOSPITAL

54 - Kunst

```
V N H C O M P L E X O E Ç J K S
C I O L O B M Í S A R U T N I P
A G N P E S S O A L J O O U Y G
C I E N O R I G I N A L F X Y E
I H S L T W G E R Y B S D S B S
M U T E C O M P O S I Ç Ã O I C
Â M O S O M S I L A E R R U S U
R O T I Ã P J W X T R M Y W F L
E R I M S I L T T I A U K V N T
C T E P S E T U U F T V G I R U
J P J L E V K Z U W A I I I F R
P X U E R B D J I X R S W C F A
O G S S P C R I A R T U Q J V Ç
Q Ç L K X L V N B X E A O L K B
K T N S E Y P F V P R L D L V C
X Ç O Ç J A I N S P I R A D O E
```

ESCULTURA
COMPLEXO
CRIAR
SIMPLES
HONESTO
FIGURA
INSPIRADO
HUMOR
CERÂMICA
SUJEITO

ORIGINAL
PESSOAL
POESIA
RETRATAR
COMPOSIÇÃO
PINTURAS
SURREALISMO
SÍMBOLO
EXPRESSÃO
VISUAL

55 - Beroepen #1

```
E U X L P Q V C E W O N I Q E C
N A D V O G A D O D C A O A N I
F O B S O G O L Ó C I S P F C E
E M H E A T E L T A S T S J A N
R O T U O D M G V Ç Ú U O M N T
M C V V M C B Y G A M O G R A I
E I K E O A A O G D H A K U D S
I T C T N R I O G O L Ó E G O T
R U X E Ô T X R R R I S T E R A
A Ê R R R Ó A I P I A N I S T A
K C D I T G D E B C E Ç F Y T Ç
D A E N S R O U Q E D H B V K F
U M C Á A A R Q T A R U L X J T
T R Q R V F O N I R A Ç N A D A
S A O I Z O F A V M U I G H O W
Q F R O L D F B S O H D F N K J
```

ADVOGADO	EDITOR
EMBAIXADOR	GEÓLOGO
FARMACÊUTICO	CAÇADOR
ASTRÔNOMO	JOALHEIRO
ATLETA	ENCANADOR
BANQUEIRO	MÚSICO
CARTÓGRAFO	PIANISTA
DANÇARINO	PSICÓLOGO
VETERINÁRIO	ENFERMEIRA
DOUTOR	CIENTISTA

56 - Antarctica

```
G Q H T C Ç N E Y H G M S C C I
J E T N E I B M A O E I J I O N
Y A L U S N Í N E P L N Z E N V
E T N E N I T N O C O E G N S E
B A Í A I F B O W S P R Y T E S
Á G U A Y R E Y P K V A Y Í R T
I L H A S R A K I O E I A F V I
D H Q F F V U S S R G S I I A G
T E M P E R A T U R A R F C Ç A
U E B R H I E L X H H J A O Ã D
F O I W O H B C J E E S R F O O
U L O C W I W Q G I O G I I R
G F V S W U H H E X M S O L X A
J Y V W Q D P O Ã Ç I D E P X E
P I N G U I N S S C D Ç G O M Q
M I G R A Ç Ã O M O N U V E N S
```

BAÍA	AMBIENTE
CONSERVAÇÃO	INVESTIGADOR
CONTINENTE	PINGUINS
ILHAS	ROCHOSO
EXPEDIÇÃO	PENÍNSULA
GEOGRAFIA	TEMPERATURA
GELEIRAS	TOPOGRAFIA
GELO	ÁGUA
MIGRAÇÃO	CIENTÍFICO
MINERAIS	NUVENS

57 - Ballet

```
U  K  J  M  A  C  I  S  Ú  M  X  Ç  B  W  S  E
T  D  N  C  C  F  O  M  T  I  R  N  F  O  Y  X
F  D  O  F  I  U  C  M  M  J  Z  E  R  O  R  P
K  D  D  W  N  F  I  T  P  E  C  D  W  R  L  R
P  X  B  I  C  F  T  X  S  O  I  A  S  N  E  E
G  Ú  J  T  É  X  S  I  E  L  S  D  A  X  X  S
L  R  B  B  T  S  Í  Y  D  I  O  I  R  E  M  S
U  V  A  L  T  L  T  L  A  T  N  S  T  S  J  I
Q  A  R  C  I  L  R  U  D  S  I  N  S  O  V  V
Ç  Ç  S  P  I  C  A  N  I  E  R  E  E  L  R  O
G  E  S  T  O  O  O  S  L  Z  A  T  U  U  Y  Ç
A  I  O  G  N  D  S  N  I  U  Ç  N  Q  C  I  C
P  R  Á  T  I  C  A  O  B  T  N  I  R  S  A  K
B  A  I  L  A  R  I  N  A  D  A  M  O  Ú  O  N
A  P  L  A  U  S  O  N  H  Ç  D  Q  X  M  V  V
P  H  G  C  O  R  E  O  G  R  A  F  I  A  M  C
```

APLAUSO	ORQUESTRA
ARTÍSTICO	PRÁTICA
BAILARINA	PÚBLICO
COREOGRAFIA	ENSAIO
COMPOSITOR	RITMO
DANÇARINOS	GRACIOSO
EXPRESSIVO	MÚSCULOS
GESTO	ESTILO
INTENSIDADE	TÉCNICA
MÚSICA	HABILIDADE

58 - Fruit

```
U  D  I  U  O  B  M  Ç  W  L  I  M  Ã  O  Z  G
Y  X  R  J  Z  A  A  J  I  G  C  O  C  O  Z  A
N  C  R  Q  R  O  Q  N  X  P  J  Ã  Q  Q  O  X
B  E  W  A  T  A  J  N  A  R  A  L  K  I  W  I
C  T  C  W  R  V  Z  E  C  N  H  E  R  G  Z  E
S  A  U  T  L  U  T  W  A  G  A  M  T  B  N  M
W  C  L  A  A  Q  F  U  B  B  J  T  Z  G  A  A
M  A  X  T  G  R  M  F  A  N  E  P  X  J  Q  O
A  B  X  X  A  D  I  A  Q  H  R  O  M  H  C  M
B  A  J  Ç  B  Y  O  N  M  J  E  P  A  O  D  A
V  U  Q  D  Y  X  G  G  A  Ã  C  E  O  F  A  Ç
F  R  A  M  B  O  E  S  A  H  O  R  U  Z  M  Ã
G  B  Ç  K  Y  W  S  H  E  Z  Q  A  T  R  A  X
A  O  D  U  P  I  S  E  N  W  H  B  A  C  S  A
Y  E  F  V  A  Z  Ê  M  A  N  G  A  J  T  C  O
N  G  Ç  T  W  X  P  Z  M  Z  R  N  Y  O  O  R
```

DAMASCO
ABACAXI
MAÇÃ
ABACATE
BANANA
BAGA
LIMÃO
UVA
FRAMBOESA
CEREJA

KIWI
COCO
MANGA
MELÃO
NECTARINA
LARANJA
MAMÃO
PERA
PÊSSEGO
AMEIXA

59 - Engineering

```
B  C  R  Ç  I  L  Â  T  D  M  L  E  S  E  I  D
F  P  M  R  S  O  N  B  I  O  P  S  E  D  X  A
A  O  E  J  Q  Ã  G  U  A  V  R  T  S  A  F  Y
S  L  R  N  D  Ç  U  Q  G  I  O  A  T  D  V  H
D  U  G  Ç  E  U  L  A  R  M  P  B  R  I  Ç  X
S  C  H  C  A  R  O  L  A  E  U  I  U  D  Y  L
Y  L  B  W  O  T  G  G  M  N  L  L  T  N  E  R
N  Á  L  J  K  S  P  I  A  T  S  I  U  U  B  U
I  C  G  S  N  N  P  H  A  O  Ã  D  R  F  N  M
Q  O  R  O  T  O  M  K  Q  X  O  A  A  O  A  B
Ç  D  Q  W  G  C  P  Á  T  I  J  D  J  R  T  B
D  I  Â  M  E  T  R  O  Q  E  O  E  N  P  N  U
S  U  R  O  T  A  Ç  Ã  O  U  H  T  E  P  D  X
Z  Q  K  I  Q  D  N  O  Ã  Ç  I  D  E  M  I  U
Y  Í  K  S  G  O  K  Ç  J  K  G  N  M  M  V  T
F  L  D  A  K  W  B  O  T  I  R  T  A  G  X  U
```

EIXO	FORÇA
CÁLCULO	MÁQUINA
MOVIMENTO	MEDIÇÃO
CONSTRUÇÃO	MOTOR
DIAGRAMA	ROTAÇÃO
DIÂMETRO	ESTABILIDADE
PROFUNDIDADE	ESTRUTURA
DIESEL	LÍQUIDO
ENERGIA	PROPULSÃO
ÂNGULO	ATRITO

60 - Literatuur

```
U H X M I G A M I R A R F Q T B
T F S O Ã I N I P O U I I L R Ç
E N G L M C Á P F Y T T C N A B
O T Y I E K L F K A O M Ç C G S
U V P T F I I I T R R O Ã P É R
D U R S J Y S H R O B G O L D R
N N E E N M E Q M M U O O P I T
M E T Á F O R A W A Z L C I A E
P I P O É T I C O N W Á O A B M
X O E X P D R C S C C I N N W A
W X E G R B I N F E I D C A P Ç
W E S M A N E D O T A X L L T Q
B N U R A U T B G O E P U O C O
C O M P A R A Ç Ã O E W S G V R
N A R R A D O R M S H L Ã I R H
Y V J X O W A M S V S R O A D Ç
```

ANALOGIA
ANÁLISE
ANEDOTA
AUTOR
BIOGRAFIA
CONCLUSÃO
DIÁLOGO
FICÇÃO
POEMA
OPINIÃO

METÁFORA
POÉTICO
RIMA
RITMO
ROMANCE
ESTILO
TEMA
TRAGÉDIA
COMPARAÇÃO
NARRADOR

61 - Boeken

```
W O H F Y Ç N A T T Z P D W R Q
A N I G Á P G N U L N J C N E J
R N S Z S T X O K H X O G U L J
U A T K P U H I S T Ó R I A E W
T R Ó O Q R O T U A M E O P V C
N R R I V O V I T N E V N I A O
E A I R J M C E B M N D R F N L
V D C Á B A A I S E O P Y G T E
A O O R E N O A G C K J B O E Ç
I R R E L C J H V Á R O Q D K Ã
J E O T X E T N O C R I P A Z O
T Y S I L E I T O R L T T R R C
D U A L I D A D E Z Ç P P O N I
G A J Y T G A J F A V C P M R P
P Ç R R O R G C L V W G H U W É
G M T Ç F T B J I V N M W H A R
```

AUTOR
AVENTURA
PÁGINA
COLEÇÃO
CONTEXTO
DUALIDADE
ÉPICO
POEMA
ESCRITO
HISTÓRICO

HUMORADO
INVENTIVO
LEITOR
LITERÁRIO
POESIA
RELEVANTE
ROMANCE
TRÁGICO
HISTÓRIA
NARRADOR

62 - Meer Informatie

```
O Ç S E E J G V D W U E F H E P
B M N T K P Ç J L B N X A B X L
T E C N O L O G I A I T N O P A
R O B Ô S I I B R Z L R T R L N
V Ç L U O F R L Ç Z U E Á Á O E
T A V Ç I C Á Á K C S M S C S T
L I V R O S N F N Q Ã O T U Ã A
N P Y C S Y I D O E O D I L O T
Y O O T O M G A N G C N C O S S
D T U O I X A W Ç G O U O Z D I
P U W O R A M E N I C M X Z A L
B X R N E A I X Á L A G Ç G Ç A
Ç B D A T S I R U T U F Z K S E
T Z V U S D I S T O P I A V K R
S N F U I D U N S Z A I Q D Ç Y
J C Q Z M B K H E S G E S I H Ç
```

CINEMA	MISTERIOSO
LIVROS	ORÁCULO
FOGO	PLANETA
IMAGINÁRIO	REALISTA
DISTOPIA	ROBÔS
EXPLOSÃO	CENÁRIO
EXTREMO	GALÁXIA
FANTÁSTICO	TECNOLOGIA
FUTURISTA	UTOPIA
ILUSÃO	MUNDO

63 - Regenwoud

```
U  I  F  T  O  C  W  B  K  S  P  F  P  J  P  X
P  D  H  K  R  E  S  T  A  U  R  A  Ç  Ã  O  A
D  R  Z  E  Y  T  V  G  L  E  W  R  Z  I  Y  I
I  D  E  P  Z  Q  L  Z  A  S  S  N  E  V  U  N
V  O  G  S  U  M  L  S  R  P  O  E  Q  N  J  D
E  R  L  I  E  G  U  A  K  É  I  B  L  U  M  Í
R  E  K  Q  I  R  S  V  U  C  B  O  W  V  X  G
S  S  X  A  O  N  V  C  R  I  Í  T  N  J  A  E
I  P  A  W  R  N  S  A  Ç  E  F  Â  G  P  Z  N
D  E  Ç  L  M  P  G  E  Ç  S  N  N  Ç  Á  E  A
A  I  Z  Ç  B  D  O  F  T  Ã  A  I  O  S  R  M
D  T  V  A  L  I  O  S  O  O  O  C  U  S  U  I
E  O  I  G  Ú  F  E  R  C  R  S  O  D  A  T  L
S  O  B  R  E  V  I  V  Ê  N  C  I  A  R  A  C
C  O  M  U  N  I  D  A  D  E  U  F  F  O  N  C
Z  S  A  M  A  M  Í  F  E  R  O  S  H  S  W  C
```

ANFÍBIOS	NATUREZA
PRESERVAÇÃO	SOBREVIVÊNCIA
BOTÂNICO	RESPEITO
DIVERSIDADE	RESTAURAÇÃO
COMUNIDADE	ESPÉCIES
INDÍGENA	REFÚGIO
INSETOS	PÁSSAROS
SELVA	VALIOSO
CLIMA	NUVENS
MUSGO	MAMÍFEROS

64 - Haartypes

```
R G P O W F D P C X N W N L G Q
Q I K E Q J Z F G S Z I C O R F
O D A L O C A R A C N E J N O K
N N L M R L C J I U F M N G S M
I T D T I V L S O H C A C O S C
F H U U O V E U C H P C F T O F
H A C I L Z V A E Y F E U E B S
O U O I M A Á V S E P R T R L V
M X D R N O D E E T W A Ç P P H
Z Ç A O C Z U O P N T C O I V C
P E Ç L U Z A H M A R R O M R V
W R N O R I S K A H B R A N C O
L B A C T Q P X X L D D J B B K
J Q R T O V U L Y I L L Z L R M
Ç T T H A O A Y O R Z R D L H L
N Q U V Q X C M P B H B Ç Z H W
```

LOIRO
MARROM
GROSSO
SECO
FINO
COLORI
TRANÇADO
SAUDÁVEL
BRILHANTE
ONDULADO

CINZA
CARECA
CURTO
CACHOS
ENCARACOLADO
LONGO
BRANCO
SUAVE
PRATA
PRETO

65 - Stad

```
B  K  L  O  Ç  E  L  O  S  N  H  E  M  H  K  A
T  Q  G  I  S  L  E  T  O  H  U  I  A  D  Ç  E
Z  E  E  D  A  D  I  S  R  E  V  I  N  U  M  R
J  S  A  Á  Q  R  Q  V  Ç  T  I  Ç  K  I  D  O
T  D  C  T  B  O  B  R  R  D  M  P  R  O  K  P
X  E  I  S  R  V  K  E  D  A  K  E  F  D  Y  O
N  M  N  E  E  O  W  S  A  I  R  A  D  A  P  R
E  Z  Í  G  K  C  H  T  C  C  Q  I  G  C  V  T
X  S  L  U  B  N  Z  A  E  Á  M  S  A  R  O  O
Q  Z  C  E  A  A  C  U  T  M  E  O  T  E  B  H
F  Z  P  O  K  B  N  R  O  R  R  I  S  M  Q  U
Y  U  W  Q  L  C  D  A  I  A  C  X  I  R  W  Ç
M  U  S  E  U  A  O  N  L  F  A  L  R  E  U  P
G  A  L  E  R  I  A  T  B  V  D  O  O  P  I  N
C  I  N  E  M  A  R  E  I  O  O  J  L  U  F  T
Ç  J  K  V  W  N  C  W  B  W  H  A  F  S  Z  S
```

FARMÁCIA	AEROPORTO
PADARIA	MERCADO
BANCO	MUSEU
BIBLIOTECA	RESTAURANTE
CINEMA	ESCOLA
FLORISTA	ESTÁDIO
LIVRARIA	SUPERMERCADO
GALERIA	TEATRO
HOTEL	UNIVERSIDADE
CLÍNICA	LOJA

66 - Creativiteit

```
F C F E D A D I C I T N E T U A
L Q S Y N O C I T Á M A R D D E
U P V O E A X O E A A A Z A G X
I C J F E E S U N O R K G Z Ç P
D U O L D N E S E Y T E B E D R
E S Ã V A Â I S N G Í M L R M E
Z N Ç F D T X V Q Y S O H A Z S
I M A G I N A Ç Ã O T Ç L L V S
Q W R L S O Z S R Ç I Õ J C S Ã
L G I Z N P I J E E C E K E E O
I M P R E S S Ã O Z O S Q J N I
W K S P T E I N T U I Ç Ã O S D
K S N M N T E D A D I L I B A H
S I I X I I N V E N T I V O Ç F
S E N T I M E N T O S O P T Ã O
Ç Y U V I S Õ E S G K Q Y F O M
```

ARTÍSTICO	INTENSIDADE
IMAGEM	INTUIÇÃO
DRAMÁTICO	INVENTIVO
AUTENTICIDADE	ESPONTÂNEA
EMOÇÕES	EXPRESSÃO
SENSAÇÃO	HABILIDADE
SENTIMENTOS	IMAGINAÇÃO
CLAREZA	VISÕES
IMPRESSÃO	FLUIDEZ
INSPIRAÇÃO	

67 - Natuur

```
S  L  A  C  I  P  O  R  T  U  E  T  Z  O  C  K
A  T  T  B  M  C  H  R  G  Q  Y  R  S  R  W  D
N  B  S  C  E  G  E  L  E  I  R  A  O  G  L  B
T  A  E  I  G  L  W  T  X  Y  X  X  I  S  U  K
U  B  R  X  A  H  H  X  J  K  Ç  B  R  X  Ã  H
Á  R  O  Y  V  Z  U  A  N  U  V  E  N  S  D  O
R  I  L  P  L  G  U  Ç  S  D  Ç  W  D  P  I  C
I  G  F  S  E  M  O  N  T  A  N  H  A  S  N  I
O  O  X  E  S  H  I  Q  K  F  P  R  Y  C  Â  T
T  L  K  R  L  B  C  A  B  E  L  E  Z  A  M  R
R  D  K  E  Ç  R  N  A  N  J  H  F  I  F  I  Á
E  P  P  N  P  X  M  Q  J  I  H  A  Y  Z  C  U
S  Y  U  O  Ç  N  H  U  C  X  M  B  F  Ç  O  P
E  C  A  V  I  T  A  L  M  E  G  A  H  L  O  F
D  L  X  N  E  V  O  E  I  R  O  M  I  E  A  N
X  D  R  A  V  D  Y  J  O  B  X  C  Ç  S  E  Ç
```

ÁRTICO
MONTANHAS
ABELHAS
FLORESTA
ANIMAIS
DINÂMICO
EROSÃO
FOLHAGEM
GELEIRA
SANTUÁRIO

NEVOEIRO
RIO
BELEZA
ABRIGO
SERENO
TROPICAL
VITAL
SELVAGEM
DESERTO
NUVENS

68 - Zoogdieren

```
R U N T L Q L O H G K P T B H F
J O F Z I I Ç A T Y K J F T M Q
R V A G Q F H O C A C A M S A H
M M J T Z C N H A I E L A B M O
M U C N C P O H N I F L O G Y L
K Q G G N I Ã Q G W B A W X F E
Z R X C G L E A U C P Z C V F Q
G U W C O H L O R C A J X E G G
V T H O R U O T U W Ã M L E F I
R N F I I C L L H T A O E X S R
Y O B O L B A S O P A R K L V A
M H O T A G V S B U R R O Ç O F
B Ç Ç E D A A E T N A F E L E A
C A B R A D C G P O H L E O C A
S G J O V P A B S M R Q O P C S
Z I I O U B T N L S X R Y A F C
```

MACACO	CANGURU
CASTOR	GATO
COIOTE	COELHO
GOLFINHO	LEÃO
BURRO	ELEFANTE
CABRA	CAVALO
GIRAFA	TOURO
GORILA	RAPOSA
CÃO	BALEIA
CAMELO	LOBO

69 - Overheid

```
D E M O C R A C I A A R T K U E
D I S C U S S Ã O W Z O A P R D
E J U D I C I A L J U S T I Ç A
S D I S T R I T O I F R Z S T D
T H Y R S L E I S U W U D Y O L
A C I T Í L O P U P W C V C O A
D E T F I X Z H J H D S D P U U
O D M N S Ç E M J F B I Q M M G
N A C I O N A L W I M D I J Y I
G D F Q T L C I D A D A N I A C
I R T A I A O T N E M U N O M I
G E U O E A R B F N O O E Ã Q V
H B W S R A N N M R Ç F Ç Ç D I
Z I O S I A Z J O Í R H C A P L
Ç L R E D Í L J J E S U O N V K
C O N S T I T U I Ç Ã O W Ç W O
```

CIDADANIA
CIVIL
DEMOCRACIA
DISCUSSÃO
IGUALDADE
JUDICIAL
JUSTIÇA
CONSTITUIÇÃO
LÍDER
MONUMENTO

NAÇÃO
NACIONAL
POLÍTICA
DIREITOS
ESTADO
SÍMBOLO
DISCURSO
LIBERDADE
LEI
DISTRITO

70 - Voertuigen

```
J A N G A D A T E R B M A L Z T
X A O R S U B M A R I N O U G Ç
A M B U L Â N C I A J B C U W F
R T J B H R Q Q Y N Ç I R J V U
O R E T P Ó C I L E H C A I D R
H O E C A M I N H Ã O I B A B G
D T Á X I G U V O Y G C Q H E Ã
O O A Ô R T E M V M O L F M A O
P M W V N Ç J W R N O E O O P J
E N W M I I B A L S A T G C I O
L U E J P Ã B Z W T E A U B T J
C H J U E E O U D R B I E M V H
V R B E S P X X S A X Z T G O V
C A R A V A N A A T H S E B Y P
Y M U C A R R O Q O Q I F B I N
A T D Y K F N P F R I O V O T N
```

AMBULÂNCIA
CARRO
PNEUS
FURGÃO
BARCO
ÔNIBUS
CARAVANA
BICICLETA
HELICÓPTERO
METRÔ

MOTOR
SUBMARINO
FOGUETE
LAMBRETA
TÁXI
TRATOR
BALSA
AVIÃO
JANGADA
CAMINHÃO

71 - Geografie

```
Y  A  V  K  X  H  O  Ç  N  N  E  N  T  W  A  H
G  E  P  X  N  S  D  E  A  L  A  J  A  V  T  E
M  N  W  R  O  D  A  U  Q  E  T  R  O  N  L  M
I  O  N  A  E  C  O  L  P  A  Í  S  R  M  A  I
A  I  N  D  I  A  M  Y  T  N  H  D  E  A  S  S
K  R  E  T  O  N  A  I  D  I  R  E  M  P  H  F
I  I  R  C  A  S  B  H  P  Q  T  D  G  A  X  É
F  L  U  S  Y  N  Z  W  E  G  C  U  O  V  L  R
C  X  H  N  W  B  H  J  W  N  R  T  D  U  C  I
O  K  M  A  X  X  K  A  D  X  J  I  N  E  I  O
C  O  N  T  I  N  E  N  T  E  S  T  U  T  D  M
R  E  G  I  Ã  O  F  S  O  N  R  A  M  S  A  P
A  J  T  V  A  W  I  L  K  B  F  L  Ç  E  D  R
K  K  M  Q  V  C  Q  L  E  Q  Y  T  X  O  E  H
G  D  L  M  K  J  S  J  P  P  P  Z  L  Q  X  B
Y  D  H  O  H  G  A  W  O  D  Ç  B  X  Z  T  I
```

ATLAS	MERIDIANO
MONTANHA	NORTE
LATITUDE	OCEANO
CONTINENTE	REGIÃO
ILHA	RIO
EQUADOR	CIDADE
HEMISFÉRIO	MUNDO
ALTITUDE	OESTE
MAPA	MAR
PAÍS	SUL

72 - Kunstbenodigdheden

```
C C R I A T I V I D A D E A Q V
Ç O A C R Í L I C O E L Ó R P C
P Ã R I Q C P A S T E L S G B P
L V W E H F A D Y B Á X H I R A
W R P E S U Z D G E G B T L R I
N A A F M W E G E Ç U V Q A M E
A C P C Â M E R A I A K P H F A
P D E Ç L Y A K X T R L Á P I S
A Y L C A V A L E T E A K X G H
G T I N T A S A Q U A R E L A S
A V C X R C T I N T A C V D O Q
D M Y N P O Z X V X K Q T W G A
O P E G L L I O Y E W C B W Ç U
R T R S Ç A I Ç G H P S I H N V
H M A I A U U T V K E Y D U E D
K U S R D I I O L E S C O V A S
```

ACRÍLICO	CORES
AQUARELAS	COLA
ESCOVAS	ÓLEO
CÂMERA	PAPEL
CRIATIVIDADE	PASTELS
CAVALETE	LÁPIS
APAGADOR	CADEIRA
CARVÃO	MESA
TINTA	TINTAS
ARGILA	ÁGUA

73 - Barbecues

```
W  N  P  F  Q  F  Y  Y  V  C  S  G  P  C  B  M
V  Y  T  Z  R  C  E  B  O  L  A  S  I  O  H  B
O  Ç  O  M  L  A  K  L  J  C  C  E  M  N  F  E
H  X  Ã  I  D  V  N  T  M  Q  A  T  E  V  T  M
L  G  R  E  L  H  A  G  S  S  F  A  N  I  J  Z
O  T  E  A  Z  L  E  J  O  N  R  M  T  T  O  M
M  S  V  P  T  Q  H  M  F  Q  Q  O  A  E  X  W
F  R  U  T  A  N  L  Z  R  V  U  T  Z  J  I  T
H  B  Q  I  K  F  A  X  A  Y  J  E  R  N  H  Y
S  A  L  A  D  A  S  J  G  F  N  U  N  Q  E  X
O  I  K  M  X  M  L  X  R  O  I  V  J  T  O  Q
I  L  K  G  X  O  U  M  Ç  M  H  Ç  S  U  E  L
M  Í  H  W  R  E  B  W  S  E  M  U  G  E  L  W
E  M  D  X  Q  S  O  M  S  H  H  O  E  S  M  Z
O  A  S  P  V  K  M  U  R  U  M  Ú  S  I  C  A
T  F  B  D  V  S  H  K  F  L  Y  Q  X  X  K  B
```

JANTAR	MÚSICA
FAMÍLIA	PIMENTA
FRUTA	SALADAS
GRELHA	MOLHO
LEGUMES	TOMATES
QUENTE	CEBOLAS
FOME	CONVITE
FRANGO	GARFOS
ALMOÇO	VERÃO
FACAS	SAL

74 - Schoonheid

```
E W Ç B Ç Ç B T U T D X Y E C F
I F V P H U Ç A Q H K Z K L O Q
M O H L E P S E T H X Z U E S O
J T H E V M O O F O J L D G M A
U O M M A A H Q Ç F M D J Â É Z
O G Ç Í U X C C Z I F E Ç N T X
W Ê Z R S P A J S K V M G C I J
Q N Z O A Z C J D C D R H I C Y
P I F R A G R Â N C I A E A O P
W C P E A Q F I M Ç X H O S S R
V O W E T N A G E L E C E J Z O
Y L A K L T E S O U R A C O D D
O D O D W E I C C I O T X E Q U
Z H R X R H V F Ç J C L B I W T
E S T I L I S T A Ç A R G D X O
M A Q U I A G E M D Z U W F X S
```

CHARME	COR
COSMÉTICOS	CACHOS
SERVIÇOS	BATOM
ELEGANTE	RÍMEL
ELEGÂNCIA	PRODUTOS
FOTOGÊNICO	TESOURA
GRAÇA	XAMPU
FRAGRÂNCIA	ESPELHO
SUAVE	ESTILISTA
PELE	MAQUIAGEM

75 - Wetenschappelijke Discip

```
A T Q N B B O T Â N I C A G M L
I F A U E I F J H C Z Q I E I P
G I S N Í U O V R L Y Q G O N A
O S T U I M R Q U D U J O L E I
L I R T A A I O U M D I L O R G
O O O R S I D C L Í P O O G A O
R L N I M G B T A O M Z C I L L
O O O Ç U O Q I I Ç G I E A O O
E G M Ã A L C U M X X I C S G E
T I I O E O U Q O G G J A A I U
E A A L N C J B T J T X C W A Q
M E C Â N I C A A C I T Ó B O R
O C O N B S R T N C L Z G W N A
T Ç L W F P Ç T A I G O L O I B
S O C I O L O G I A R E K J F K
W M E I H I M U N O L O G I A T
```

ANATOMIA
ARQUEOLOGIA
ASTRONOMIA
BIOQUÍMICA
BIOLOGIA
QUÍMICA
ECOLOGIA
FISIOLOGIA
GEOLOGIA
IMUNOLOGIA

MECÂNICA
METEOROLOGIA
MINERALOGIA
NEUROLOGIA
BOTÂNICA
PSICOLOGIA
ROBÓTICA
SOCIOLOGIA
NUTRIÇÃO

76 - Bijvoeglijke Naamwoorden

```
Ç  G  J  J  N  U  R  O  V  I  T  A  I  R  C  O
I  R  Ç  X  Z  Z  G  N  O  D  F  M  N  E  R  R
Ç  E  C  C  D  J  M  Z  O  V  O  N  T  S  H  G
S  O  N  O  L  E  N  T  O  R  U  P  V  P  W  U
Ç  C  O  D  A  T  O  D  V  F  M  G  G  O  D  L
S  I  P  A  T  I  I  Z  I  O  E  A  T  N  E  H
Ç  T  D  G  T  E  V  S  T  R  G  X  L  S  S  O
K  Á  F  L  V  E  J  M  U  T  A  M  O  Á  C  S
P  M  O  A  F  X  L  U  D  E  V  A  F  V  R  O
N  A  Q  S  E  A  T  Y  O  L  L  B  Q  E  I  D
U  R  D  M  U  R  M  U  R  A  E  T  E  L  T  A
K  D  L  F  W  I  W  I  P  R  S  A  U  W  I  S
N  N  D  Y  H  P  H  K  N  U  T  U  X  D  V  N
A  U  T  Ê  N  T  I  C  O  T  A  T  S  K  O  A
S  A  U  D  Á  V  E  L  I  A  O  A  K  K  Q  C
I  N  T  E  R  E  S  S  A  N  T  E  Q  J  P  I
```

AUTÊNTICO	NOVO
DOTADO	NORMAL
DESCRITIVO	PRODUTIVO
CRIATIVO	SONOLENTO
DRAMÁTICO	FORTE
SAUDÁVEL	ORGULHOSO
FAMINTO	RESPONSÁVEL
INTERESSANTE	SELVAGEM
CANSADO	SALGADO
NATURAL	PURO

77 - Kleding

```
Ç  H  C  C  S  U  É  T  E  R  L  A  F  O  I  S
O  R  J  U  A  T  E  U  Q  A  J  U  N  J  E  A
A  X  D  O  Ç  S  R  N  J  P  P  X  V  R  Y  N
M  T  X  T  L  M  A  K  A  I  Z  S  J  A  F  D
C  S  T  S  A  U  R  C  Ç  J  S  U  W  L  S  Á
A  D  O  M  C  O  I  T  O  A  S  B  P  O  V  L
M  C  D  A  T  Z  E  O  R  M  O  L  Z  C  S  I
I  H  I  Q  E  Q  S  M  M  A  T  U  U  Z  A  A
S  A  T  J  A  I  L  Ç  J  E  N  S  T  B  P  S
A  P  S  Y  L  L  U  U  H  A  I  A  S  Z  A  W
B  É  E  Q  O  O  P  W  F  F  C  A  Z  T  T  E
M  U  V  H  C  B  Z  S  Z  X  X  T  S  L  O  W
Ç  G  R  B  A  Z  P  Z  S  L  A  T  N  E  V  A
N  A  Z  S  Q  A  X  L  N  Y  K  W  Y  N  W  E
W  X  A  P  W  F  K  B  H  Y  P  C  K  Ç  J  W
T  R  A  Ç  Q  C  K  U  K  H  U  C  R  O  B  I
```

PULSEIRA	PIJAMA
BLUSA	CINTO
CALÇA	SAIA
LUVAS	SANDÁLIAS
CHAPÉU	SAPATO
CASACO	AVENTAL
JAQUETA	CAMISA
VESTIDO	LENÇO
COLAR	MEIAS
MODA	SUÉTER

78 - Vliegtuigen

```
H  I  D  R  O  G  Ê  N  I  O  F  B  N  Z  N  Ç
T  U  R  B  U  L  Ê  N  C  I  A  T  E  C  A  B
V  R  É  G  N  V  Ç  P  E  K  B  K  C  U  V  C
X  X  W  C  P  A  S  S  A  G  E  I  R  O  E  P
M  O  T  O  R  R  X  I  I  I  T  N  B  G  G  Q
E  T  C  Ã  K  U  G  A  R  U  T  N  E  V  A  S
G  O  O  L  J  T  K  F  Ó  J  G  U  A  J  R  V
A  L  M  A  Y  L  L  A  T  M  O  S  F  E  R  A
S  I  B  B  D  A  Ç  J  S  J  Ã  Q  P  V  H  T
S  P  U  G  J  I  A  R  I  Q  Ç  J  U  O  É  D
I  U  S  I  T  F  C  U  H  M  E  S  U  H  L  N
R  W  T  E  H  I  Ç  S  X  C  R  X  P  N  I  J
R  Ç  Í  L  L  S  Ç  B  E  N  I  A  Z  A  C  E
E  N  V  R  Q  G  K  B  O  D  D  U  K  X  E  K
T  C  E  Y  C  O  N  S  T  R  U  Ç  Ã  O  S  V
A  L  L  K  I  T  R  I  P  U  L  A  Ç  Ã  O  F
```

DESCIDA	ATERRISSAGEM
ATMOSFERA	AR
AVENTURA	MOTOR
BALÃO	NAVEGAR
TRIPULAÇÃO	PASSAGEIRO
CONSTRUÇÃO	PILOTO
COMBUSTÍVEL	HÉLICES
HISTÓRIA	DIREÇÃO
CÉU	TURBULÊNCIA
ALTURA	HIDROGÊNIO

79 - Herbalisme

```
Y A R O M Á T I C O H C N U F M
N N O N Ç T P Ç K R B V I I C A
C Ç L A E T N E I D E R G N I N
K H F G H G L N G Ç W Z U J J
T J Ç É L F E Q M E K V T Ç J E
G X I R C U L I N Á R I O L V R
U A N O R E J N A M B B M X K I
T O M I L H O E S T R A G Ã O C
L Ã L E W W O D D B L B N F L Ã
A R A N P Z N R Q A A L H O N O
V F K L J B J E V T D Q S Ç A X
A A S K E Q U V F X J I Y S M K
N Ç W A I C J A R D I M L Z C D
D A X D L R R S A B O R F A X F
A B L Q U S Y I N P V T O Q U B
H Q L A Z J A F M Z X J O T L Q
```

AROMÁTICO
MANJERICÃO
FLOR
CULINÁRIO
ENDRO
ESTRAGÃO
VERDE
INGREDIENTE
ALHO
QUALIDADE

LAVANDA
MANJERONA
ORÉGANO
SALSA
ALECRIM
AÇAFRÃO
SABOR
TOMILHO
JARDIM
FUNCHO

80 - Kracht en Zwaartekracht

```
U Y D L S Z W F G C U C A V A K
G L X C U H A W V B V X Y T L H
U O Q N U I O R T N E C C X G J
M Ç Ç D P J Ã N Y V K E A N I D
T E M P O Ã S N A P X E I L I I
K Z M A C I S Í F N M M C X Z N
D E S C O B E R T A A O N P O Â
J D I X J X R T S H G V Â L T M
M I Z E S E P Y G V N I T A I I
N P S O Y S S E L Y E M S N R C
W A T I B R Ó S S P T E I E T O
H R I M P A C T O O I N D T A W
U N I V E R S A L X S T O A L F
J C S A C I N Â C E M O X S Z Z
L G Z P Z F G U N L O N U O Q N
D A P R O P R I E D A D E S G X
```

DISTÂNCIA
EIXO
ÓRBITA
MOVIMENTO
CENTRO
PRESSÃO
DINÂMICO
PROPRIEDADES
PESO
IMPACTO

MAGNETISMO
MECÂNICA
FÍSICA
DESCOBERTA
PLANETAS
RAPIDEZ
TEMPO
EXPANSÃO
UNIVERSAL
ATRITO

81 - Rijden

```
C R A P I D E Z A Ç N E C I L T
C O R R A C A H U C L A O G E R
H J M H R D I Q R P I L S E N Á
T I E B P K N F H P P D R M Ú F
O I G K U M D G C E O S E Q T E
Ç Z A K D S Á G I R L E R N H G
S M R T G O T N V I Í G T A T O
M K A M Z I C Í E G C U S R F E
V O G P H E A Q V O I R E X J V
E S T H N R M C S E A A D B A B
X J T O Y F I L X H L N E M D P
M C L B R C N T F Q V Ç P J B B
M A P A D J H Y R Y G A U O X P
A V Ç I D R Ã E S T R A D A M N
H N Z L P Q O F U O M L H U R Y
K M O T O C I C L E T A R L Y A
```

CARRO
COMBUSTÍVEL
GARAGEM
GÁS
PERIGO
MAPA
LICENÇA
MOTOR
MOTOCICLETA
ACIDENTE

POLÍCIA
FREIOS
RAPIDEZ
RUA
TÚNEL
SEGURANÇA
TRÁFEGO
PEDESTRE
CAMINHÃO
ESTRADA

82 - Wetenschap

```
G  F  F  T  N  J  S  U  P  N  F  J  O  I  E  M
F  A  Í  F  D  Ç  T  E  K  X  Ó  D  B  Q  V  I
S  K  S  I  Z  A  Á  Ç  M  D  S  R  S  P  O  N
D  X  I  K  Q  N  D  T  V  K  S  Z  E  K  L  E
F  G  C  J  G  T  A  O  O  X  I  B  R  K  U  R
A  A  A  M  I  L  C  T  S  M  L  K  V  L  Ç  A
I  U  Ç  W  E  P  L  T  U  B  O  T  A  F  Ã  I
C  I  E  N  T  I  S  T  A  R  Y  H  Ç  T  O  S
N  C  S  S  Q  A  A  R  M  X  E  D  Ã  H  M  J
Ê  O  E  C  E  E  L  G  M  Ç  V  Z  O  C  S  M
I  F  T  L  P  U  U  U  X  C  G  H  A  O  I  É
R  T  Ó  I  U  M  C  Z  N  A  U  A  O  S  N  T
E  D  P  Q  M  Q  É  P  M  U  Y  Z  E  J  A  O
P  Z  I  U  S  A  L  U  C  Í  T  R  A  P  G  D
X  W  H  G  K  B  O  C  I  M  Í  U  Q  D  R  O
E  E  E  Z  V  F  M  G  L  H  Y  S  Q  G  O  S
```

ÁTOMO	CLIMA
QUÍMICO	MÉTODO
PARTÍCULAS	MINERAIS
EVOLUÇÃO	MOLÉCULAS
EXPERIÊNCIA	NATUREZA
FATO	FÍSICA
FÓSSIL	OBSERVAÇÃO
DADOS	ORGANISMO
HIPÓTESE	CIENTISTA

83 - Natuurkunde

```
E  M  Ç  V  E  C  P  A  R  T  Í  C  U  L  A  M
B  C  R  E  B  X  A  L  U  M  R  Ó  F  M  B  A
P  M  E  L  D  G  P  O  Q  X  Z  U  L  O  D  S
C  M  L  O  Ç  R  V  E  S  Q  W  K  Ç  T  Y  S
U  A  A  C  V  A  I  F  R  M  K  L  U  O  S  A
N  G  T  I  Y  V  E  R  J  I  F  I  Y  R  D  K
I  N  I  D  M  I  L  E  S  Z  Ê  Y  F  A  U  J
V  E  V  A  O  D  É  Q  E  E  O  N  G  L  W  K
E  T  I  D  L  A  T  U  W  V  S  R  C  Á  C  X
R  I  D  E  É  D  R  Ê  Ç  U  D  S  Q  I  S  Q
S  S  A  J  C  E  O  N  G  Q  C  K  G  Ç  A  Á
A  M  D  A  U  P  N  C  Q  U  Í  M  I  C  O  T
L  O  E  K  L  L  W  I  V  K  F  O  W  Q  W  O
Ç  S  F  H  A  B  T  A  C  I  N  Â  C  E  M  M
N  A  C  E  L  E  R  A  Ç  Ã  O  Q  E  H  C  O
N  D  I  W  L  D  E  N  S  I  D  A  D  E  V  Z
```

ÁTOMO
CAOS
QUÍMICO
PARTÍCULA
DENSIDADE
ELÉTRON
EXPERIÊNCIA
FÓRMULA
FREQUÊNCIA
GÁS

MAGNETISMO
MASSA
MECÂNICA
MOLÉCULA
MOTOR
RELATIVIDADE
VELOCIDADE
UNIVERSAL
ACELERAÇÃO
GRAVIDADE

84 - Muziekinstrumenten

```
G A I T A Q C V K M B P Ç S A F
V I O L I N O D P L B B I R S L
K V S G H D O V K H Y J P A B H
D S S A E V J I T D C C R T N V
S P V I O L Ã O B W J X R U V O
F A G O T E T E P M O R T A I R
T A M J Y S V B E Q Ã Q J L O I
L A L N Z M M A N M S R N F L E
P N M A H O G N O G S Ç L R O D
W Y A B R A N J F O U V H U N N
A E V M O K R O O B C A H A C A
Z C L U X R Q P X O R U B C E P
B A N D O L I M A É E A R J L C
T R O M B O N E S R P O S X O D
T J V L Ç L M A R I M B A X U P
Ç D A P O Z C L A R I N E T E P
```

BANJO
VIOLONCELO
FAGOTE
FLAUTA
VIOLÃO
GONGO
HARPA
OBOÉ
CLARINETE
BANDOLIM

MARIMBA
GAITA
PERCUSSÃO
PIANO
SAXOFONE
PANDEIRO
TROMBONE
TAMBOR
TROMPETE
VIOLINO

85 - Ethiek

```
F  R  C  I  R  I  A  H  P  K  L  B  H  S  P  D
B  E  O  N  Ç  S  I  O  H  C  L  V  G  W  V  I
O  A  M  T  A  I  C  N  Â  R  E  L  O  T  D  G
N  L  P  E  G  V  N  E  M  P  V  Y  Z  W  I  N
D  I  A  G  F  Ç  Ê  S  S  V  Á  T  B  C  P  I
A  S  I  R  Ç  C  I  T  O  S  O  D  M  H  L  D
D  M  X  I  Y  R  C  I  E  F  Z  D  Ç  A  O  A
E  O  Ã  D  E  D  A  D  I  N  A  M  U  H  M  D
Y  B  O  A  X  B  P  A  O  E  R  D  E  A  Á  E
R  L  O  D  R  E  Y  D  P  S  L  Ç  M  A  T  R
B  G  L  E  G  L  H  E  U  T  J  X  E  W  I  F
Z  R  A  C  I  O  N  A  L  I  D  A  D  E  C  U
O  T  I  M  I  S  M  O  M  Z  G  T  P  C  O  K
I  X  Q  L  V  A  L  O  R  E  S  A  I  Z  M  Z
R  E  S  P  E  I  T  O  S  O  C  Y  J  Y  E  O
F  U  Ç  L  F  I  L  O  S  O  F  I  A  K  Q  Z
```

DIPLOMÁTICO	OTIMISMO
RESPEITOSO	RACIONALIDADE
HONESTIDADE	REALISMO
FILOSOFIA	RAZOÁVEL
PACIÊNCIA	TOLERÂNCIA
INTEGRIDADE	BONDADE
COMPAIXÃO	VALORES
HUMANIDADE	DIGNIDADE

86 - Antiek

```
X E T O L I T S E E M U Y T S Z
H N Ç S S R N O V L H A R V A T
S B R B A Q M C I W E Ç U X Z A
G A L E R I A I O T Z G F O B Q
D E I D V E P T C M H A A O R O
E S I U A P F N D A U S O N Q T
C C W K L E C Ê G R F M Q F T N
O U S U O Q R T T Y C T P D E
R L É P R K O U G E V G N B Q M
A T C R L Q U A L I D A D E H I
T U U E X E P I N T U R A S F T
I R L Ç R T I C O L E T O R S S
V A O O L Z X L Q M O E D A S E
O H L E V R G G Ã Ç O N S Ç X V
G P L Q Z Y G E D O F F P G N N
M O B I L I Á R I O O K Y I N I
```

AUTÊNTICO
ESCULTURA
DECORATIVO
SÉCULO
ELEGANTE
GALERIA
INVESTIMENTO
ARTE
QUALIDADE
MOBILIÁRIO

MOEDAS
INCOMUM
VELHO
PREÇO
PINTURAS
ESTILO
LEILÃO
COLETOR
VALOR

87 - Activiteiten en Vrije Ti

```
F  A  B  D  K  K  R  E  T  C  T  Y  K  I  V  Z
R  U  Z  X  K  L  Ç  F  C  H  W  R  Z  Q  E  R
A  E  T  N  A  X  A  L  E  R  B  R  H  S  O  N
E  Y  S  E  I  B  B  O  H  H  Q  C  Q  Ç  X  B
Y  C  Q  B  B  B  J  G  L  A  H  O  Y  Ç  I  E
P  E  S  C  A  O  B  N  O  O  K  R  U  C  I  I
A  F  C  G  C  C  L  S  T  H  B  R  E  P  J  S
F  R  P  E  Z  V  I  G  Ê  L  Y  I  T  R  Z  E
H  U  T  J  B  A  G  R  N  U  N  D  E  X  O  B
Q  S  M  E  G  A  I  V  I  G  K  A  U  L  J  O
N  A  T  A  Ç  Ã  O  U  S  R  A  R  Q  Y  O  L
C  A  M  I  N  H  A  D  A  E  M  U  S  C  R  V
X  G  W  J  F  U  J  M  I  M  M  T  A  X  K  B
A  C  A  M  P  A  M  E  N  T  O  N  B  R  L  B
K  U  M  D  O  T  M  E  G  A  N  I  D  R  A  J
H  E  Q  O  G  U  Q  U  N  K  R  P  U  M  Y  I
```

BASQUETE	CORRIDA
BOXE	VIAGEM
MERGULHO	PINTURA
GOLFE	SURFE
PESCA	TÊNIS
HOBBIES	JARDINAGEM
BEISEBOL	FUTEBOL
ACAMPAMENTO	VOLEIBOL
ARTE	CAMINHADA
RELAXANTE	NATAÇÃO

88 - Koffie

```
C  A  S  L  K  O  T  X  E  V  P  R  E  Ç  O  B
X  O  D  I  U  Q  Í  L  R  W  W  Z  T  L  S  S
E  E  P  M  O  I  Q  P  R  E  T  O  O  X  B  G
U  Ç  G  A  M  A  N  H  Ã  I  N  D  E  L  C  V
K  A  J  O  S  A  U  W  G  Q  Ç  D  G  J  S  W
A  K  P  G  A  M  E  G  I  R  O  F  D  N  T  A
D  R  M  R  B  O  D  Y  J  R  R  N  E  N  J  U
I  L  O  A  O  E  A  J  C  E  T  I  E  L  R  G
B  E  H  M  R  R  D  C  Z  E  L  C  Ç  M  H  Y
E  V  K  A  A  Z  E  D  A  R  I  T  V  D  V  H
B  T  Y  U  S  J  I  O  Z  M  F  P  F  U  T  P
V  P  F  G  Z  S  R  Ç  Ç  V  B  Ç  Y  P  G  M
O  Ç  E  Á  S  P  A  N  Í  E  F  A  C  R  L  I
C  R  E  M  E  P  V  D  K  V  Z  Z  M  S  K  E
S  K  K  B  X  O  O  N  O  K  J  Y  N  G  H  U
A  Ç  Ú  C  A  R  N  P  Y  D  I  F  R  M  J  C
```

AROMA	ORIGEM
COPA	PREÇO
AMARGO	CREME
CAFEÍNA	SABOR
BEBIDA	AÇÚCAR
FILTRO	VARIEDADE
ASSADO	LÍQUIDO
MOER	ÁGUA
LEITE	PRETO
MANHÃ	

89 - Schaken

```
D Q T T K N P B D J G Z B P O E
R I E R O B O I V D O U Q R P S
E U A M X D N I U Ç M G F E O T
G W J G P Ç T Y W B S C O T N R
R W V O O N O J K S R Ç I O E A
A X P N H N S J P A I A E E N T
S T E M P O A B A C Z R N G T É
Y S C A X P S L S R H A R C E G
D E S A F I O S S I J I O J O I
W G M E Q L M Q I F O N T E T A
C A M P E Ã O N V Í G H Ç D N P
A P R E N D E R O C A A O X N Q
C O N C U R S O U I D Z U U H Q
Y O P C I X B Z Y O O A W Ç I Ç
D M C Y F P I X D K R H A K Z K
W E Q G P Q T K G V M S B E N O
```

DIAGONAL
CAMPEÃO
REI
RAINHA
APRENDER
SACRIFÍCIO
PASSIVO
PONTOS
REGRAS
JOGO

JOGADOR
ESTRATÉGIA
OPONENTE
TEMPO
TORNEIO
DESAFIOS
CONCURSO
BRANCO
PRETO

90 - Boerderij #1

```
L  J  K  Z  C  E  A  R  A  V  F  H  E  N  A  N
S  G  Ç  W  O  Ã  C  E  V  P  J  L  X  J  S  O
R  M  S  U  R  Q  A  B  I  A  K  Z  V  W  S  B
Y  J  E  N  V  T  B  A  J  U  C  N  I  H  I  Z
X  C  T  L  O  K  A  N  M  G  D  A  Q  C  M  K
Z  Y  N  O  L  M  G  H  X  Á  P  C  D  A  V  Z
Z  Ç  E  C  A  C  R  O  G  N  A  R  F  B  V  X
U  G  M  K  V  A  I  R  S  F  M  E  U  R  Q  L
Ç  Q  E  P  A  M  C  R  U  W  E  C  H  A  T  X
X  B  S  B  C  P  U  E  K  Q  B  N  Z  G  P  J
U  Z  L  H  R  O  L  Z  D  Q  J  A  O  Ç  N  B
N  G  G  J  T  E  T  E  L  Ç  K  I  R  R  Ç  U
G  A  T  O  T  W  U  B  Q  Z  O  D  R  K  Q  R
A  H  Y  S  T  R  R  X  I  U  L  V  A  W  V  R
U  L  D  E  T  N  A  Z  I  L  I  T  R  E  F  O
C  M  W  H  O  I  A  B  E  L  H  A  N  L  M  D
```

ABELHA	VACA
BURRO	CORVO
CABRA	REBANHO
CERCA	AGRICULTURA
CÃO	FERTILIZANTE
MEL	CAVALO
FENO	ARROZ
BEZERRO	CAMPO
GATO	ÁGUA
FRANGO	SEMENTES

91 - Huis

```
P A R E D E N Ç W P S L G L M Q
Q C H N A B Y Y C H J C A A O U
X R L N J N R F D W Z Z R R B A
L E W R I T E L H A D O A E I R
Q C G W T Z F P Y T A H G I L T
A O T L Z U O T E T H L E R I O
Q R A V K J Ã C E C T E M A Á J
B I B L I O T E C A A P C J R P
A E H B Y Ã Ó Y C W V S E I I J
K V Ç N P R S J D H F E L S O A
Q U U T S O A H S E A S N C H R
J H P A Ç P R U Z S T M O D T D
Ç C F G R X T T H C G Y I A L I
V A S S O U R A A A G T V N Ç M
T A P E T E S X A D A M L H É Z
Ç H F K Y G W V O A M L O Y L V
```

VASSOURA	COZINHA
BIBLIOTECA	MOBILIÁRIO
TELHADO	PAREDE
PORTA	TETO
CHUVEIRO	CHAMINÉ
GARAGEM	ESPELHO
LAREIRA	TAPETE
CERCA	ESCADA
QUARTO	JARDIM
PORÃO	SÓTÃO

92 - Geometrie

```
N K L V W H X A M Y G U L M A P
L G O Z S E O V M U G A Ó A S E
V E G H Q E L R C O Y L G S E R
D I S S V U U I G W Y I S G P
A C B Z W Z G C S Z S B C A M E
R Í L I W S N K H G O D A C E N
T F P X C Z Â S Q Y D N S L N D
P R E Q U A Ç Ã O K Ç A T Z T I
A E I I H D I Â M E T R O A O C
R P E Â A I R O E T M U W I L U
A U W I N R I I A X X T P R U L
L S I W A G C Í R C U L O T C A
E C Q W I K U Ç M I F A N E L R
L M X K D S A L I W K F Y M Á C
O Ã S N E M I D O P Z F Z I C T
B C Z E M V E R T I C A L S W F
```

CÁLCULO	PERPENDICULAR
CÍRCULO	MASSA
CURVA	MEDIANA
DIÂMETRO	SUPERFÍCIE
DIMENSÃO	PARALELO
TRIÂNGULO	SEGMENTO
ÂNGULO	SIMETRIA
ALTURA	TEORIA
HORIZONTAL	EQUAÇÃO
LÓGICA	VERTICAL

93 - Jazz

```
X  Ê  A  P  L  A  U  S  O  G  Ç  N  T  B  X  B
Y  N  Y  U  T  F  L  T  Y  F  G  G  O  O  Ç  H
K  F  D  N  Y  K  U  G  K  O  A  O  F  V  N  C
D  A  T  S  I  R  A  W  C  Z  M  Q  N  O  S
A  S  O  T  I  R  O  V  A  F  G  I  O  Z  O  O
X  E  M  R  X  O  Ã  Ç  N  A  C  Ê  T  S  U  Ã
V  E  L  H  O  R  V  N  Z  B  X  B  N  G  O  Ç
T  M  S  V  T  Q  I  D  W  J  J  Y  E  E  Z  I
É  S  M  D  R  U  U  K  U  T  K  G  L  B  R  S
C  Ç  K  D  E  E  Á  L  B  U  M  H  A  P  X  O
N  E  M  T  C  S  E  S  T  I  L  O  T  T  S  P
I  R  P  M  N  T  Y  D  F  M  N  V  Ç  I  O  M
C  I  F  V  O  R  H  A  D  H  R  I  T  M  O  O
A  H  Q  D  C  A  M  Ú  S  I  C  A  Y  V  P  C
I  M  P  R  O  V  I  S  A  Ç  Ã  O  N  Ç  F  O
C  O  M  P  O  S  I  T  O  R  Z  P  S  K  V  I
```

ÁLBUM	MÚSICA
APLAUSO	ÊNFASE
ARTISTA	NOVO
FAMOSO	ORQUESTRA
COMPOSITOR	VELHO
CONCERTO	RITMO
FAVORITOS	COMPOSIÇÃO
GÊNERO	ESTILO
IMPROVISAÇÃO	TALENTO
CANÇÃO	TÉCNICA

94 - Getallen

```
Q U A T O R Z E V N X R N Z E A
P F Ç C X Ç L Z I R I C F S E A
J D O N L N T Y N K Y S S N G T
N O V E W Z Ç Ç T N U H E O X C
G W O E M F N Z E M S M T A P I
O I T O E Q M K P U Z C E X T N
D T R Ê S U D E Z E N O V E R C
D O S M M A V B G S O U C E E O
E T Z S G T X S Ç Y C T P H Z M
Z I Z E A R P S I E S S E Z E D
M O Q G U O R E Z D F Z O G M Q
N Z D H C N H I E K K T N L U U
R E U O L N Ç S G K V C G C X I
S D F K I D E Z E S S E T E Z N
J Ç S D A S S E Q U Q R I Z N Z
G Z Q J L Q M B M T L L A U O E
```

OITO	DOIS
DEZOITO	VINTE
TREZE	QUATORZE
TRÊS	QUATRO
UM	CINCO
NOVE	QUINZE
DEZENOVE	SEIS
ZERO	DEZESSEIS
DEZ	SETE
DOZE	DEZESSETE

95 - Boerderij #2

```
M  Y  D  G  L  B  F  T  I  T  H  L  H  Z  C  B
H  V  N  G  H  T  G  T  R  P  R  H  E  U  N  W
Q  M  P  S  U  Q  N  O  R  U  D  A  M  I  K  U
P  R  A  D  O  H  S  T  I  U  D  D  T  N  T  A
G  Y  X  H  A  I  M  A  G  Z  R  A  M  O  P  E
D  B  F  C  G  L  Y  P  A  N  R  V  M  A  R  C
C  E  L  E  I  R  O  A  Ç  M  S  E  K  N  V  O
L  F  V  K  B  Q  W  G  Ã  K  A  C  L  I  E  R
F  R  U  T  A  X  Q  R  O  L  H  H  U  M  G  D
J  L  P  B  I  I  P  I  B  G  L  G  L  A  E  E
D  U  K  T  E  H  F  C  L  F  E  P  V  I  T  I
L  G  O  R  M  J  Q  U  Q  Q  V  B  V  S  A  R
D  P  E  I  L  N  K  L  P  S  O  A  A  H  L  O
Ç  N  K  G  O  U  P  T  M  I  L  H  O  Q  G  R
Y  D  V  O  C  R  D  O  D  Z  O  B  P  A  J  L
Y  M  E  H  M  R  X  R  F  H  P  A  S  T  O  R
```

COLMEIA
AGRICULTOR
POMAR
ANIMAIS
PATO
FRUTA
CEVADA
VEGETAL
PASTOR
IRRIGAÇÃO

CORDEIRO
LHAMA
MILHO
LEITE
MADURO
OVELHA
CELEIRO
TRIGO
TRATOR
PRADO

96 - Psychologie

```
I E D A D I L A N O S R E P E A
I O T I L F N O C T E T D A X V
O S O N H O S S A N Õ E A Y P A
C P Ã U E A A G Ç E Ç R D S E L
O E Ç Z Z I I M W M O A I E R I
M N P B C C I K A M P L N I A
P S E N L N N S T T E I A S Ê Ç
R A C Y Í Â Ê Q N R R A E A N Ã
O M R Z N F U D A O G E R Ç C O
M E E Q I N L P M P C E Q Ã I R
I N P H C I F T E M C N Q O A U
S T B M O B N H L O M G I H S U
S O C D E H I T B C Q Ç O E W G
O S Z I H O Q C O G N I Ç Ã O Ç
C X V P Y L L X R J I J C P T R
N V E Ç K C M N P N T R V H E G
```

COMPROMISSO
AVALIAÇÃO
INCONSCIENTE
COGNIÇÃO
CONFLITO
SONHOS
EGO
EMOÇÕES
EXPERIÊNCIAS
PENSAMENTOS

COMPORTAMENTO
SENSAÇÃO
INFLUÊNCIAS
INFÂNCIA
CLÍNICO
PERCEPÇÃO
PERSONALIDADE
PROBLEMA
REALIDADE
TERAPIA

97 - Zakelijk

```
O L A G Y V O T N E M A Ç R O I
F I N A N Ç A O A E L Y F E V N
Q W C T Y D Ç A L N X E J N E V
M O E D A S E R P M E K K D N E
E Ç I T B T V G I L B A I I D S
E M T R R M T R C P Z F M M A T
M M P A Ó A F T Y W T X P E D I
P E H R O T N O C S E D O N I M
R F L I E A I S T H X A S T N E
E Á A E D G Q R A E V N T O H N
G B O R Z R A T C Ç E Y O T E T
A R U R I I J D X S Ã D S S I O
D I H A I M O N O C E O A U R W
O C B C W Y L G F R M W K C O G
R A L U C R O X O M M T C N V S
R Q I G W Z T I V J Z Q O G Q E
```

EMPRESA
ORÇAMENTO
IMPOSTOS
CARREIRA
ECONOMIA
FÁBRICA
FINANÇA
DINHEIRO
RENDIMENTO
INVESTIMENTO

ESCRITÓRIO
DESCONTO
CUSTO
TRANSAÇÃO
MOEDA
VENDA
EMPREGADOR
EMPREGADO
LOJA
LUCRO

98 - Voeding

```
S P W W P L O L C M O E R T L H
A V M E W U T E G U O R P D Í H
D U W I D K S V S Q J L D E Q Z
H I A I Ç Y V Á T Z F C H F U D
P C A R B O I D R A T O S O I T
J R S A B O R U I U T S B S D O
Q G O G R A M A U H P E H A O X
N P T T L Ç I S D S I P I Ú S I
Y C T Y E D A D I L A U Q D G N
G W P T J Í A P E T I T E E L A
Y H N Y O L N V I T A M I N A B
T Z J Ç A O D A R B I L I U Q E
N R Z X L S G Y S A I R O L A C
F E R M E N T A Ç Ã O Ç E D F K
C O M E S T Í V E L S I I E Y M
H I B H Z D I G E S T Ã O Y I I
```

AMARGO
CALORIAS
DIETA
COMESTÍVEL
APETITE
PROTEÍNAS
EQUILIBRADO
FERMENTAÇÃO
PESO
SAUDÁVEL

SAÚDE
CARBOIDRATOS
QUALIDADE
MOLHO
SABOR
DIGESTÃO
TOXINA
VITAMINA
LÍQUIDOS

99 - Chemie

```
Q  L  C  C  X  C  N  V  Q  L  D  P  P  E  G  Ç
B  Í  R  A  M  I  Z  N  E  F  H  E  E  E  E  S
R  Q  O  S  R  I  T  V  P  C  I  V  N  S  Á  G
K  U  D  A  V  B  Z  G  Z  A  D  F  A  I  O  W
S  I  A  L  M  D  O  Q  W  L  R  B  H  A  N  R
A  D  S  U  X  I  S  N  X  O  O  P  I  T  I  F
L  O  I  C  G  Ç  V  K  O  R  G  M  K  E  L  F
O  E  L  É  T  R  O  N  O  Í  Ê  E  H  M  A  W
R  E  A  L  X  K  R  Ã  N  L  N  O  D  I  C  Á
G  U  T  O  Ç  B  O  L  Ç  K  I  Ç  T  N  L  M
Â  Z  A  M  X  V  L  P  K  A  O  G  S  B  A  C
N  D  C  Ç  E  L  C  U  L  I  E  D  I  Ç  K  Z
I  O  X  I  G  É  N  I  O  T  Z  R  T  P  O  A
C  T  E  M  P  E  R  A  T  U  R  A  K  B  D  M
O  J  D  Q  M  Ç  B  R  C  T  O  O  S  X  Q  M
C  X  N  O  F  R  J  O  G  H  I  T  A  S  J  J
```

ALCALINO	MOLÉCULA
CLORO	ORGÂNICO
ELÉTRON	REAÇÃO
ENZIMA	TEMPERATURA
GÁS	LÍQUIDO
PESO	CALOR
ÍON	HIDROGÊNIO
CATALISADOR	SAL
CARBONO	ÁCIDO
METAIS	OXIGÉNIO

1 - Metingen

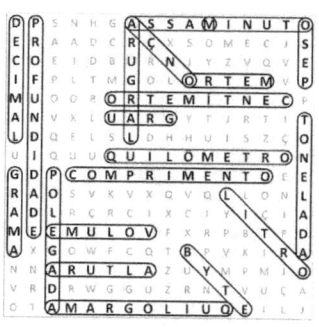

2 - Opwarming van de Aarde

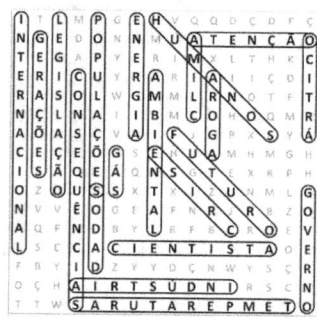

3 - Keuken

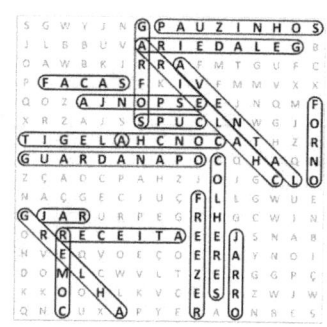

4 - Boten

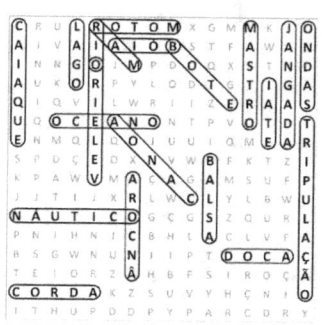

5 - Chocolade

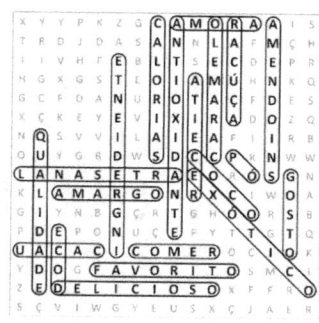

6 - Gezondheid en Welzijn #2

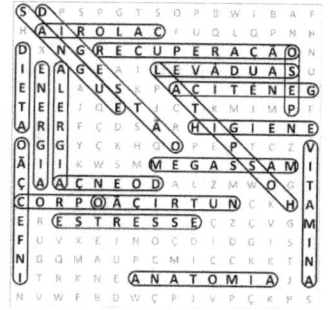

7 - Tijd

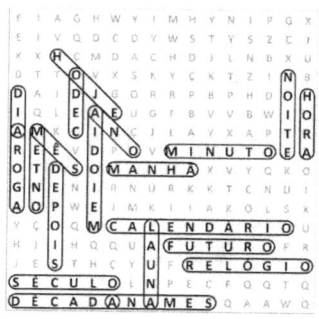

8 - Meditatie

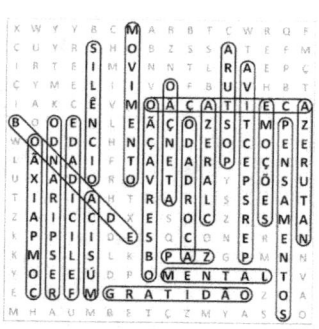

9 - Muziek

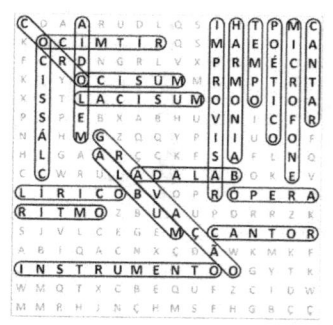

10 - Vogels

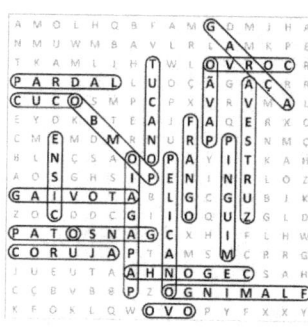

11 - Universum

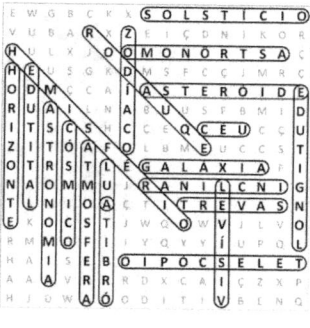

12 - Wiskunde

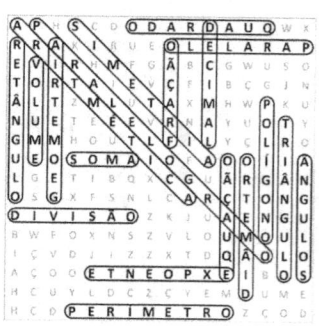

13 - Gezondheid en Welzijn #1

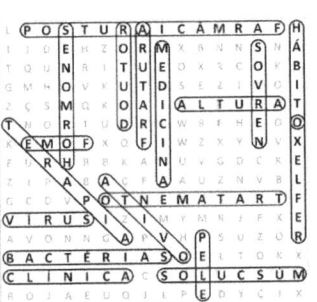

14 - Camping

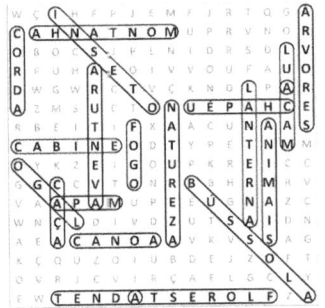

15 - Algebra

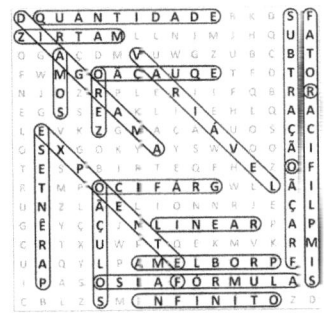

16 - Diplomatie

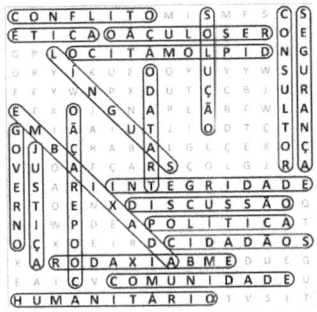

17 - Astronomie

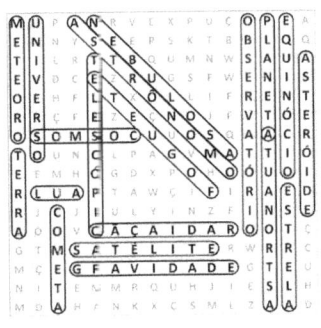

18 - Vakantie #2

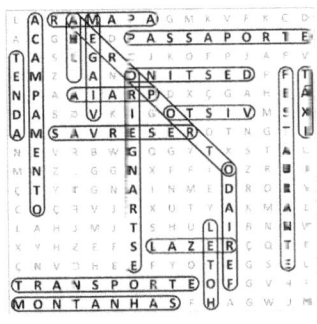

19 - Weersomstandigh

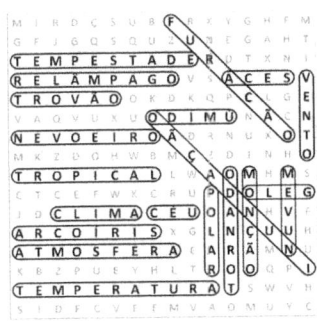

20 - Eten #2

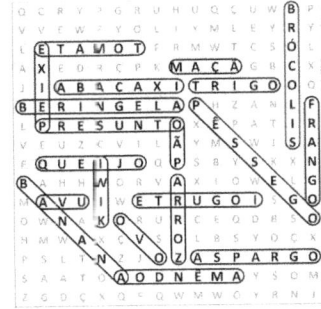

21 - Geologie

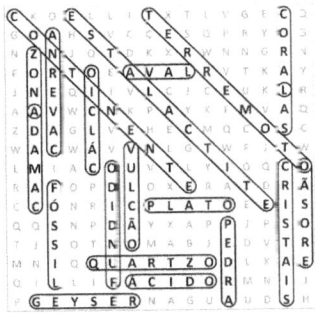

22 - Specerijen

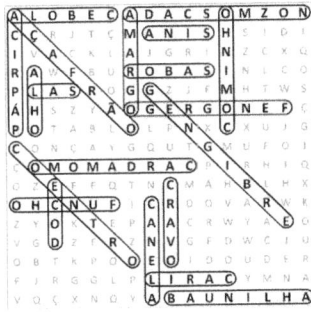

23 - Groenten

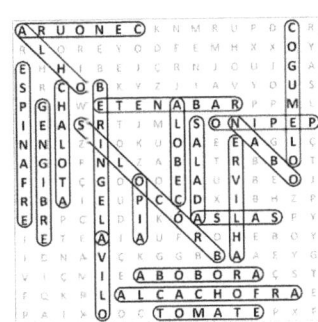

24 - Archeologie

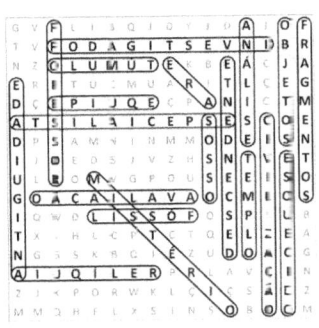

25 - Dans

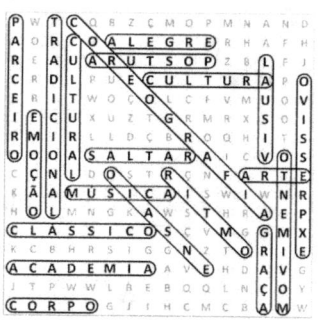

26 - Ziekte

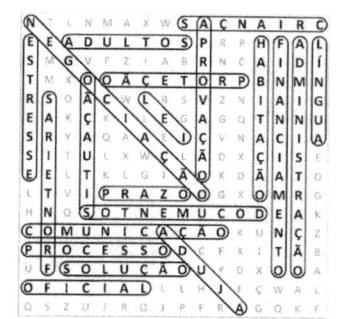

27 - Immigratie

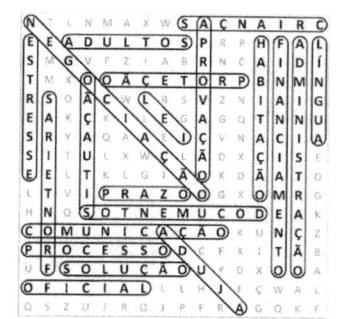

28 - Mythologie

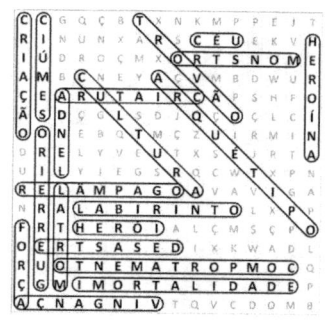

29 - Eten #1

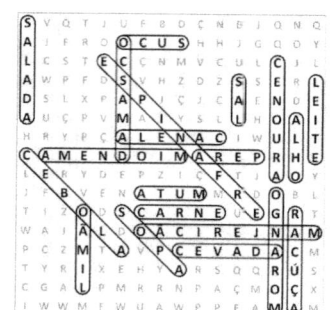

30 - Avontuur

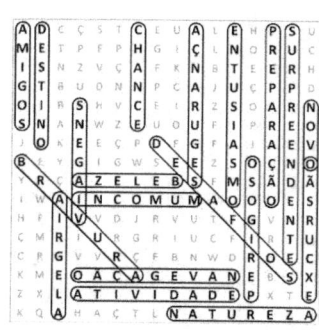

31 - Restaurant #2

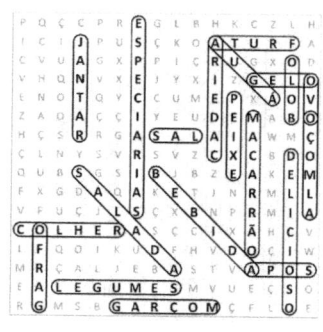

32 - De Media

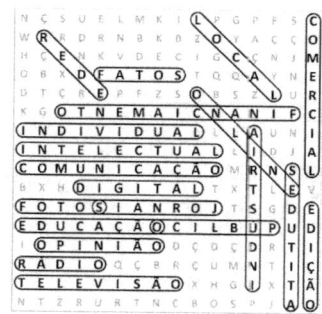

33 - Bijen

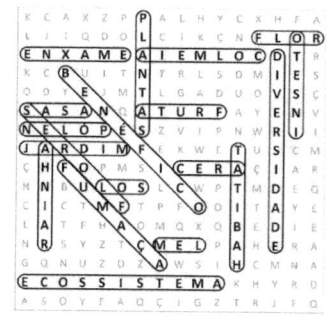

34 - Wandelen

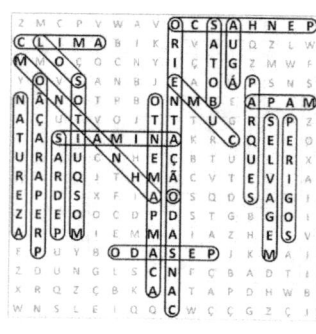

35 - Ecologie

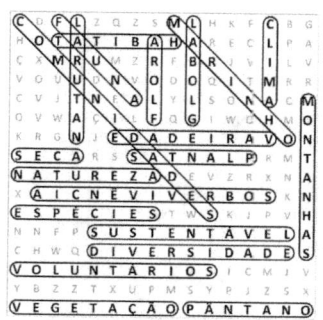

36 - Biologie

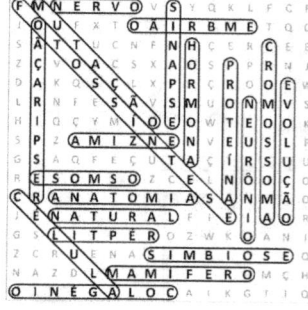

37 - Landen #1

38 - Installaties

39 - Agronomie

40 - Oceaan

41 - Landen #2

42 - Bloemen

43 - Landschappen

44 - Tuin

45 - Beroepen #2

46 - Dagen en Maanden

47 - Beeldende Kunsten

48 - Mode

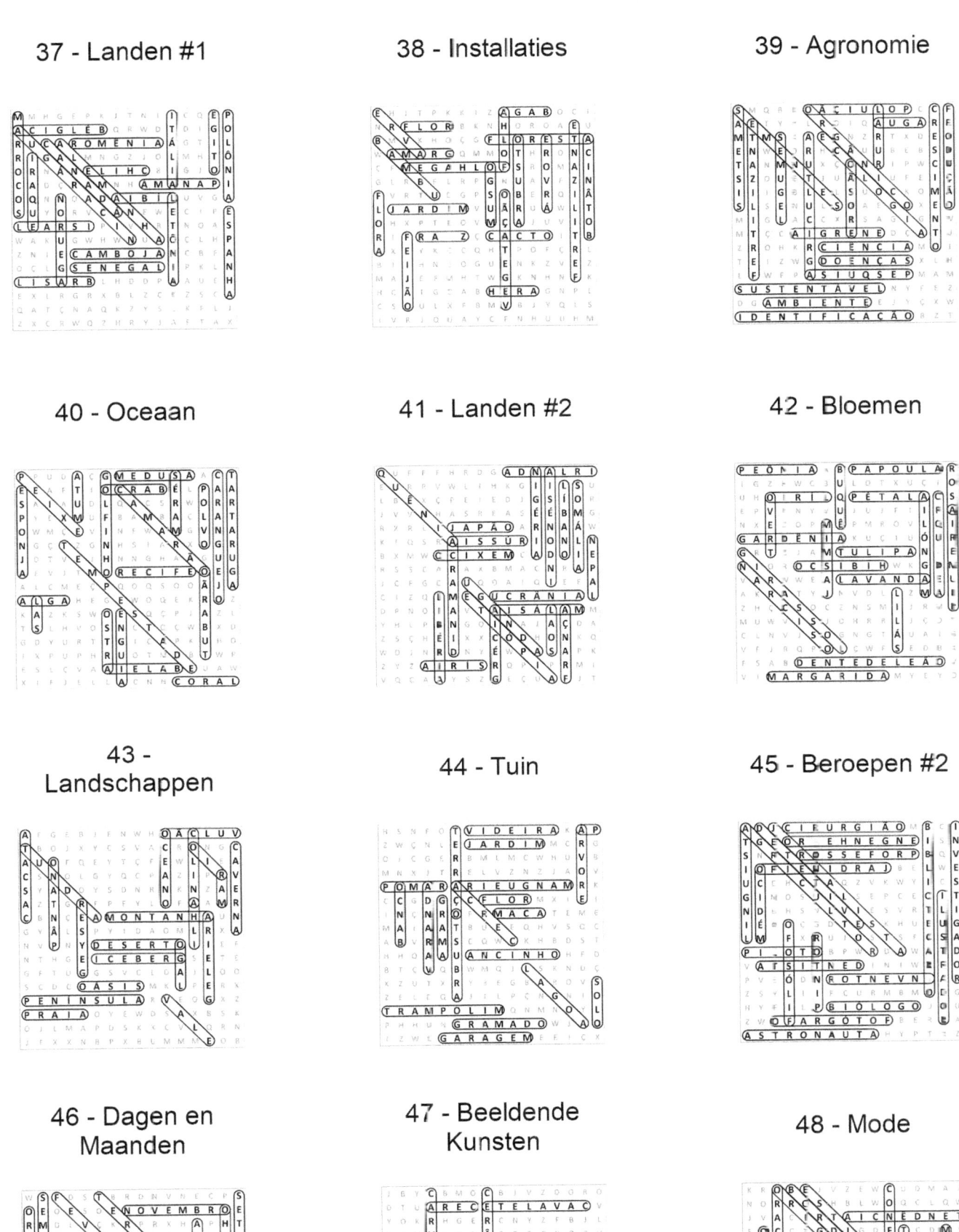

49 - Tuinieren

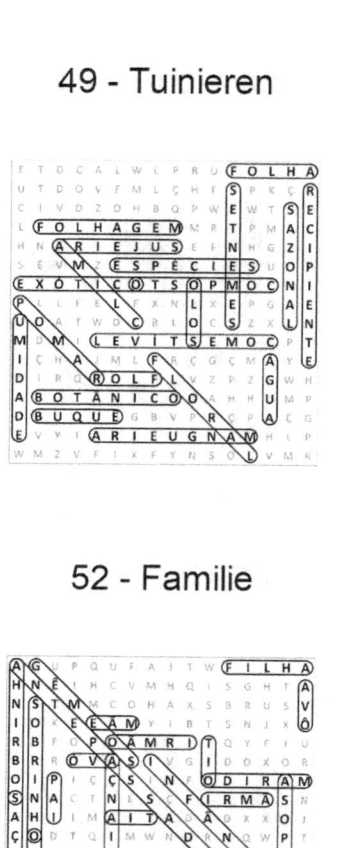

50 - Menselijk Lichaam

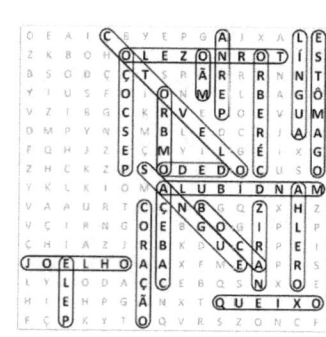

51 - Energie

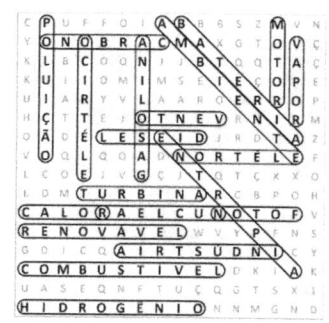

52 - Familie

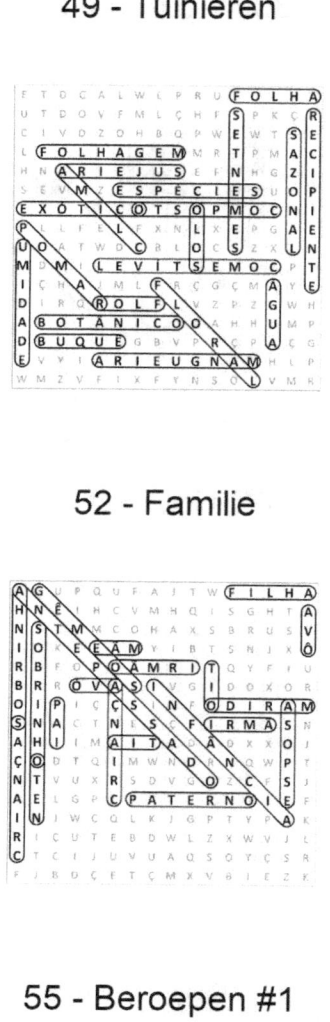

53 - Gebouwen

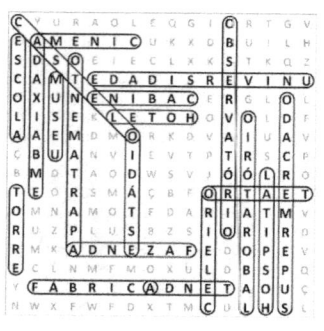

54 - Kunst

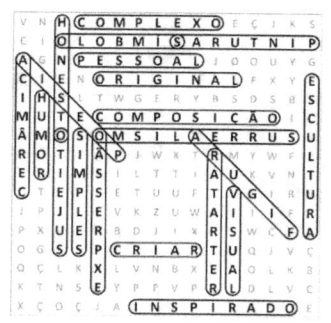

55 - Beroepen #1

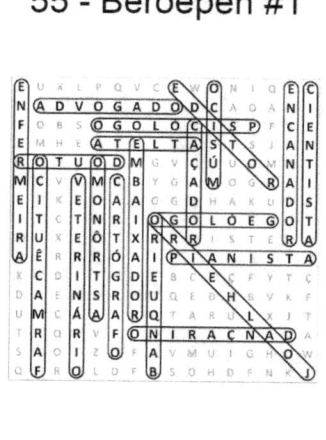

56 - Antarctica

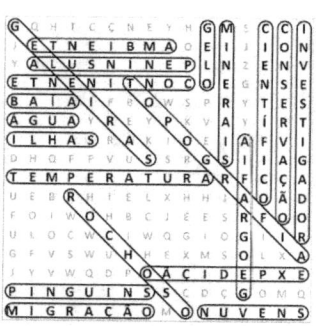

57 - Ballet

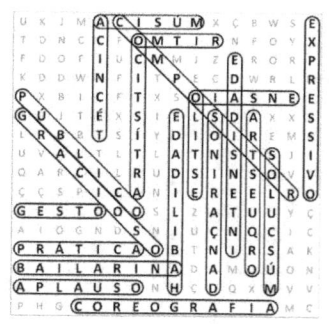

58 - Fruit

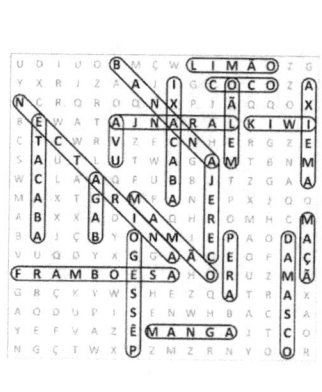

59 - Engineering

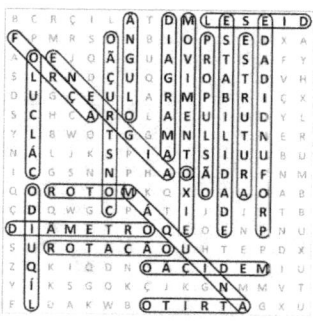

60 - Literatuur

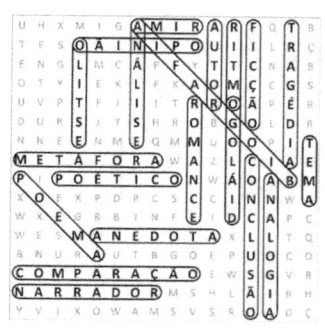

61 - Boeken

62 - Meer Informatie

63 - Regenwoud

64 - Haartypes

65 - Stad

66 - Creativiteit

67 - Natuur

68 - Zoogdieren

69 - Overheid

70 - Voertuigen

71 - Geografie

72 - Kunstbenodigdhe

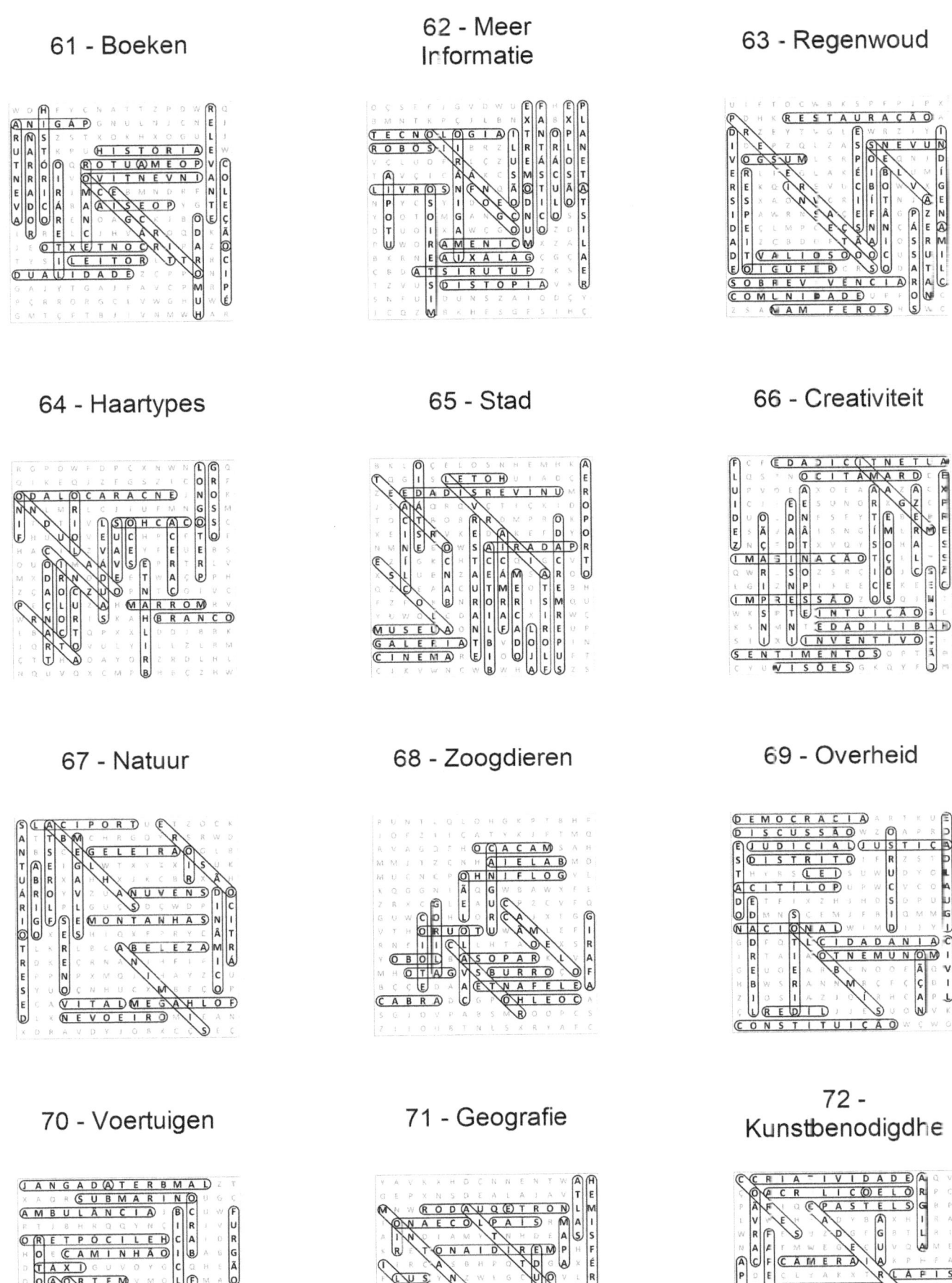

73 - Barbecues

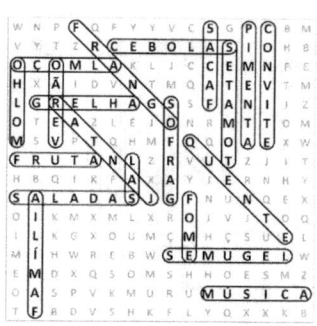

74 - Schoonheid

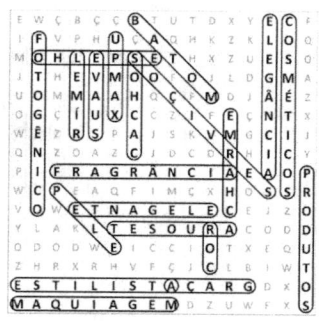

75 - Wetenschappelijk

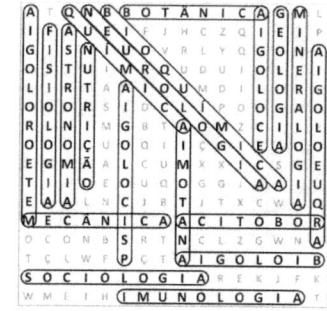

76 - Bijvoeglijke Naamwoorden

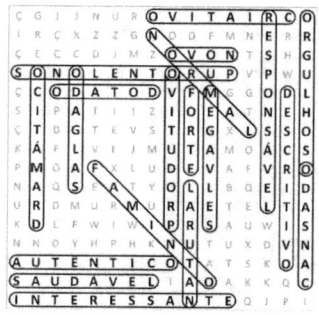

77 - Kleding

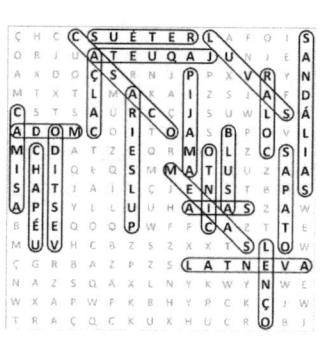

78 - Vliegtuigen

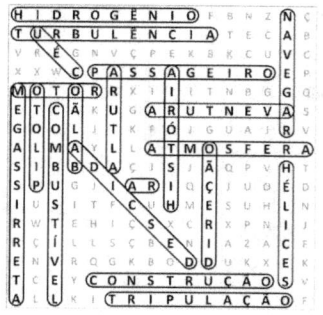

79 - Herbalisme

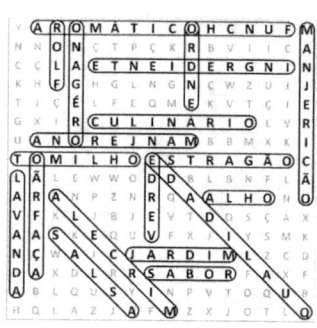

80 - Kracht en Zwaartekracht

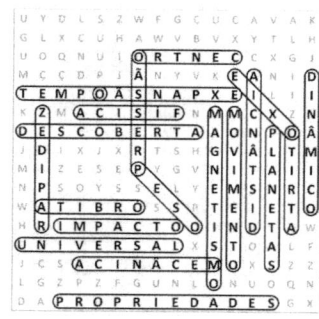

81 - Rijden

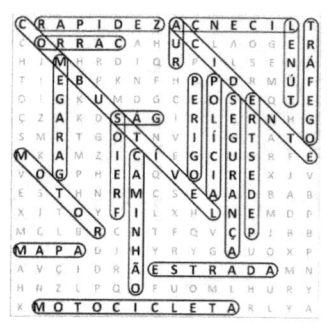

82 - Wetenschap

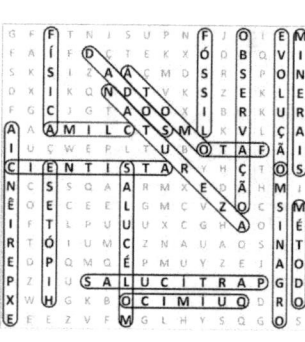

83 - Natuurkunde

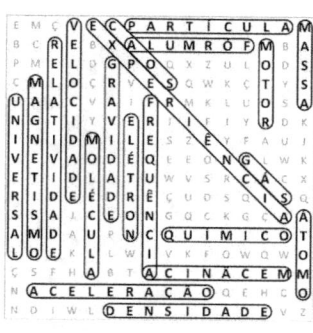

84 - Muziekinstrument

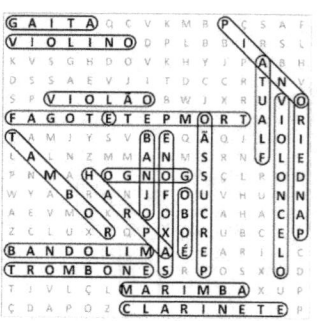

85 - Ethiek

86 - Antiek

87 - Activiteiten en Vrije Ti

88 - Koffie

89 - Schaken

90 - Boerderij #1

91 - Huis

92 - Geometrie

93 - Jazz

94 - Getallen

95 - Boerderij #2

96 - Psychologie

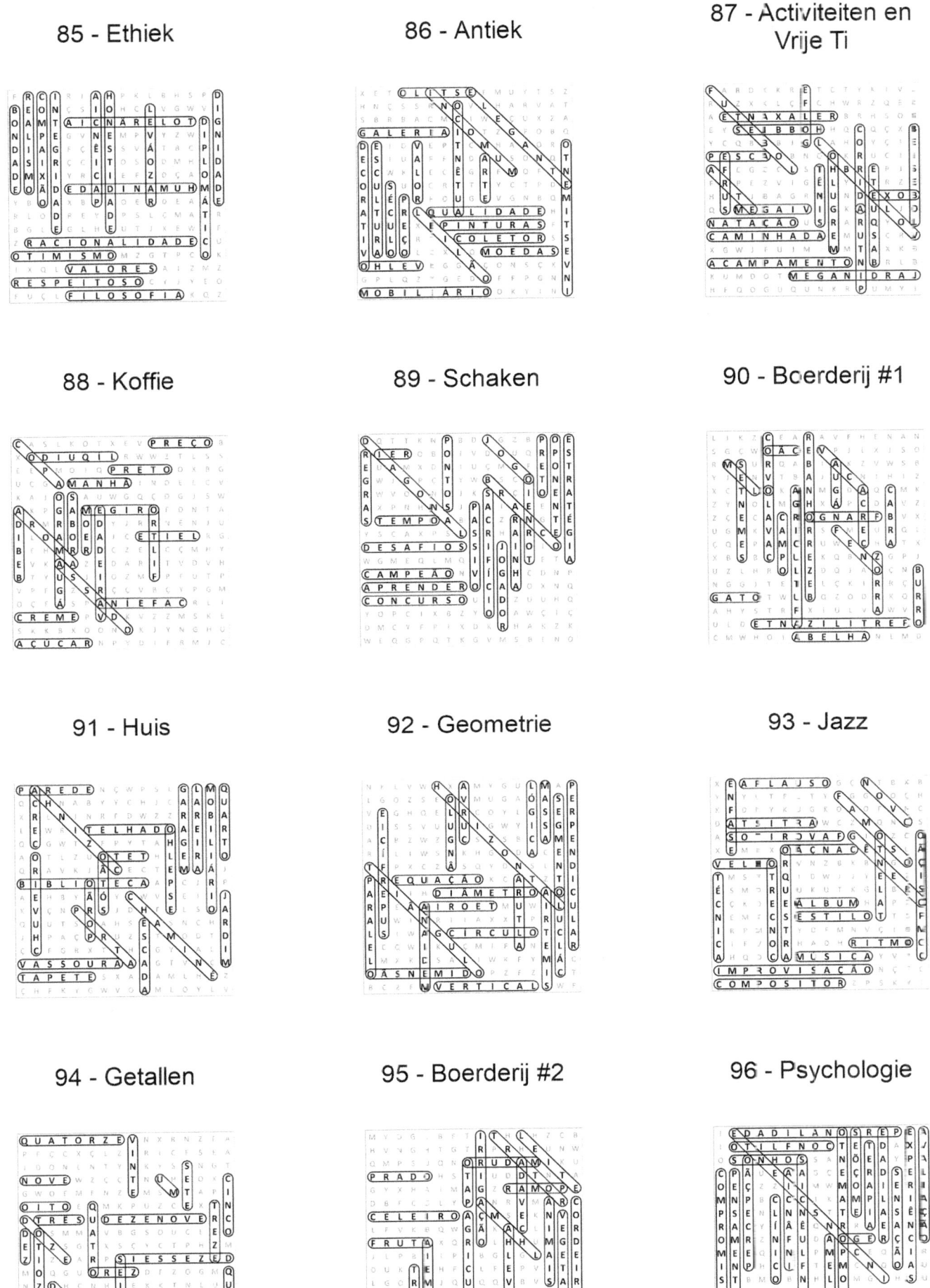

97 - Zakelijk

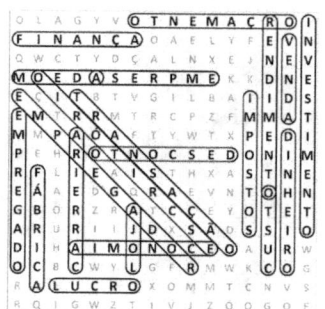

98 - Voeding

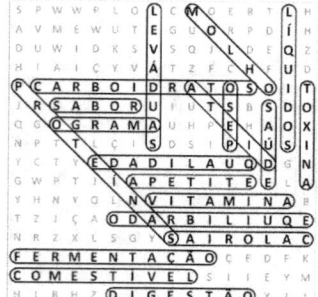

99 - Chemie

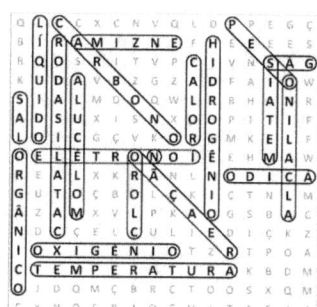

Woordenboek

Activiteiten en Vrije Ti
Atividades e Lazer

Basketbal	Basquete
Boksen	Boxe
Duiken	Mergulho
Golf	Golfe
Hengelsport	Pesca
Hobby	Hobbies
Honkbal	Beisebol
Kamperen	Acampamento
Kunst	Arte
Ontspannen	Relaxante
Racen	Corrida
Reis	Viagem
Schilderij	Pintura
Surfen	Surfe
Tennis	Tênis
Tuinieren	Jardinagem
Voetbal	Futebol
Volleybal	Voleibol
Wandelen	Caminhada
Zwemmen	Natação

Agronomie
Agronomia

Duurzaam	Sustentável
Ecologie	Ecologia
Energie	Energia
Erosie	Erosão
Groei	Crescimento
Groente	Legumes
Identificatie	Identificação
Landbouw	Agricultura
Landelijk	Rural
Mest	Fertilizante
Omgeving	Ambiente
Onderzoek	Pesquisa
Organisch	Orgânico
Productie	Produção
Systemen	Sistemas
Vervuiling	Poluição
Water	Água
Wetenschap	Ciência
Zaden	Sementes
Ziekten	Doenças

Algebra
Álgebra

Aftrekken	Subtração
Diagram	Diagrama
Exponent	Expoente
Factor	Fator
Formule	Fórmula
Fractie	Fração
Grafiek	Gráfico
Haakje	Parêntese
Hoeveelheid	Quantidade
Lineair	Linear
Matrix	Matriz
Nul	Zero
Oneindig	Infinito
Oplossing	Solução
Probleem	Problema
Som	Soma
Vals	Falso
Variabele	Variavel
Vereenvoudigen	Simplificar
Vergelijking	Equação

Antarctica
Antártica

Baai	Baía
Behoud	Conservação
Continent	Continente
Eilanden	Ilhas
Expeditie	Expedição
Geografie	Geografia
Gletsjers	Geleiras
Ijs	Gelo
Migratie	Migração
Mineralen	Minerais
Omgeving	Ambiente
Onderzoeker	Investigador
Pinguïn	Pinguins
Rotsachtig	Rochoso
Schiereiland	Península
Temperatuur	Temperatura
Topografie	Topografia
Water	Água
Wetenschappelijk	Científico
Wolken	Nuvens

Antiek
Antiguidades

Authentiek	Autêntico
Beeldhouwwerk	Escultura
Decoratief	Decorativo
Eeuw	Século
Elegant	Elegante
Galerij	Galeria
Investering	Investimento
Kunst	Arte
Kwaliteit	Qualidade
Meubilair	Mobiliário
Munten	Moedas
Ongewoon	Incomum
Oud	Velho
Prijs	Preço
Restauratie	Restauração
Schilderijen	Pinturas
Stijl	Estilo
Veiling	Leilão
Verzamelaar	Coletor
Waarde	Valor

Archeologie
Arqueologia

Analyse	Análise
Beschaving	Civilização
Botten	Ossos
Deskundige	Especialista
Evaluatie	Avaliação
Fossiel	Fóssil
Fragmenten	Fragmentos
Graf	Túmulo
Mysterie	Mistério
Nakomeling	Descendente
Objecten	Objetos
Onbekend	Desconhecido
Onderzoeker	Investigador
Oudheid	Antiguidade
Professor	Professor
Relikwie	Relíquia
Team	Equipe
Tempel	Templo
Tijdperk	Era
Vergeten	Esquecido

Astronomie
Astronomia

Aarde	Terra
Asteroïde	Asteróide
Astronaut	Astronauta
Astronoom	Astrônomo
Equinox	Equinócio
Komeet	Cometa
Kosmos	Cosmos
Maan	Lua
Meteoor	Meteoro
Nevel	Nebulosa
Observatorium	Observatório
Planeet	Planeta
Raket	Foguete
Satelliet	Satélite
Ster	Estrela
Sterrenbeeld	Constelação
Straling	Radiação
Telescoop	Telescópio
Universum	Universo
Zwaartekracht	Gravidade

Avontuur
Aventura

Activiteit	Atividade
Bestemming	Destino
Enthousiasme	Entusiasmo
Excursie	Excursão
Gevaarlijk	Perigoso
Kans	Chance
Moed	Bravura
Moeilijkheid	Dificuldade
Natuur	Natureza
Navigatie	Navegação
Nieuw	Novo
Ongewoon	Incomum
Reizen	Viagens
Schoonheid	Beleza
Uitdagingen	Desafios
Veiligheid	Segurança
Verrassend	Surpreendente
Voorbereiding	Preparação
Vreugde	Alegria
Vrienden	Amigos

Ballet
Balé

Applaus	Aplauso
Artistiek	Artístico
Ballerina	Bailarina
Choreografie	Coreografia
Componist	Compositor
Dansers	Dançarinos
Expressief	Expressivo
Gebaar	Gesto
Intensiteit	Intensidade
Muziek	Música
Orkest	Orquestra
Praktijk	Prática
Publiek	Público
Repetitie	Ensaio
Ritme	Ritmo
Sierlijk	Gracioso
Spieren	Músculos
Stijl	Estilo
Techniek	Técnica
Vaardigheid	Habilidade

Barbecues
Churrascos

Diner	Jantar
Familie	Família
Fruit	Fruta
Grill	Grelha
Groente	Legumes
Heet	Quente
Honger	Fome
Kip	Frango
Lunch	Almoço
Messen	Facas
Muziek	Música
Peper	Pimenta
Salades	Saladas
Saus	Molho
Tomaten	Tomates
Uien	Cebolas
Uitnodiging	Convite
Vorken	Garfos
Zomer	Verão
Zout	Sal

Beeldende Kunsten
Artes Visuais

Architectuur	Arquitetura
Artiest	Artista
Beeldhouwwerk	Escultura
Creativiteit	Criatividade
Ezel	Cavalete
Film	Filme
Houtskool	Carvão
Keramiek	Cerâmica
Klei	Argila
Krijt	Giz
Meesterwerk	Obra-Prima
Pen	Caneta
Perspectief	Perspectiva
Portret	Retrato
Potlood	Lápis
Samenstelling	Composição
Schilderij	Pintura
Stencil	Estêncil
Vernis	Verniz
Was	Cera

Beroepen #1
Profissões #1

Advocaat	Advogado
Ambassadeur	Embaixador
Apotheker	Farmacêutico
Astronoom	Astrônomo
Atleet	Atleta
Bankier	Banqueiro
Cartograaf	Cartógrafo
Danser	Dançarino
Dierenarts	Veterinário
Dokter	Doutor
Editor	Editor
Geoloog	Geólogo
Jager	Caçador
Juwelier	Joalheiro
Loodgieter	Encanador
Muzikant	Músico
Pianist	Pianista
Psycholoog	Psicólogo
Verpleegster	Enfermeira
Wetenschapper	Cientista

Beroepen #2
Profissões #2

Arts	Médico
Astronaut	Astronauta
Bibliothecaris	Bibliotecário
Bioloog	Biólogo
Boer	Agricultor
Chirurg	Cirurgião
Detective	Detetive
Filosoof	Filósofo
Fotograaf	Fotógrafo
Illustrator	Ilustrador
Ingenieur	Engenheiro
Journalist	Jornalista
Leraar	Professor
Linguïst	Linguista
Onderzoeker	Investigador
Piloot	Piloto
Schilder	Pintor
Tandarts	Dentista
Tuinman	Jardineiro
Uitvinder	Inventor

Bijen
Abelhas

Bijenkorf	Colmeia
Bloemen	Flores
Bloesem	Flor
Diversiteit	Diversidade
Ecosysteem	Ecossistema
Fruit	Fruta
Habitat	Habitat
Honing	Mel
Insect	Inseto
Koningin	Rainha
Planten	Plantas
Rook	Fumaça
Stuifmeel	Pólen
Tuin	Jardim
Vleugels	Asas
Voordelig	Benéfico
Was	Cera
Zon	Sol
Zwerm	Enxame

Bijvoeglijke Naamwoorden
Adjetivos #1

Aantrekkelijk	Atraente
Actief	Ativo
Ambitieus	Ambicioso
Aromatisch	Aromático
Artistiek	Artístico
Belangrijk	Importante
Diep	Fundo
Donker	Escuro
Dun	Fino
Eerlijk	Honesto
Exotisch	Exótico
Identiek	Idêntico
Jong	Jovem
Lang	Longo
Langzaam	Lento
Modern	Moderno
Onschuldig	Inocente
Perfect	Perfeito
Waardevol	Valioso
Zwaar	Pesado

Bijvoeglijke Naamwoorden
Adjetivos #2

Authentiek	Autêntico
Begaafd	Dotado
Beschrijvend	Descritivo
Creatief	Criativo
Dramatisch	Dramático
Gezond	Saudável
Hongerig	Faminto
Interessant	Interessante
Moe	Cansado
Natuurlijk	Natural
Nieuw	Novo
Normaal	Normal
Productief	Produtivo
Slaperig	Sonolento
Sterk	Forte
Trots	Orgulhoso
Verantwoordelijk	Responsável
Wild	Selvagem
Zout	Salgado
Zuiver	Puro

Biologie
Biologia

Ademhaling	Respiração
Anatomie	Anatomia
Cel	Célula
Chromosoom	Cromossoma
Collageen	Colagénio
Eiwit	Proteína
Embryo	Embrião
Enzym	Enzima
Evolutie	Evolução
Fotosynthese	Fotossíntese
Hormoon	Hormona
Mutatie	Mutação
Natuurlijk	Natural
Neuron	Neurônio
Osmose	Osmose
Reptiel	Réptil
Symbiose	Simbiose
Synaps	Sinapse
Zenuw	Nervo
Zoogdier	Mamífero

Bloemen
Flores

Bloemblad	Pétala
Boeket	Buquê
Gardenia	Gardênia
Hibiscus	Hibisco
Jasmijn	Jasmim
Klaver	Trevo
Lavendel	Lavanda
Lelie	Lírio
Lila	Lilás
Madeliefje	Margarida
Magnolia	Magnólia
Narcis	Narciso
Orchidee	Orquídea
Paardebloem	Dente-De-Leão
Papaver	Papoula
Pioenroos	Peônia
Plumeria	Plumeria
Roos	Rosa
Tulp	Tulipa
Zonnebloem	Girassol

Boeken
Livros

Auteur	Autor
Avontuur	Aventura
Bladzijde	Página
Collectie	Coleção
Context	Contexto
Dualiteit	Dualidade
Episch	Épico
Gedicht	Poema
Geschreven	Escrito
Historisch	Histórico
Humoristisch	Humorado
Inventief	Inventivo
Lezer	Leitor
Literair	Literário
Poëzie	Poesia
Relevant	Relevante
Roman	Romance
Tragisch	Trágico
Verhaal	História
Verteller	Narrador

Boerderij #1
Fazenda #1

Bij	Abelha
Ezel	Burro
Geit	Cabra
Hek	Cerca
Hond	Cão
Honing	Mel
Hooi	Feno
Kalf	Bezerro
Kat	Gato
Kip	Frango
Koe	Vaca
Kraai	Corvo
Kudde	Rebanho
Landbouw	Agricultura
Mest	Fertilizante
Paard	Cavalo
Rijst	Arroz
Veld	Campo
Water	Água
Zaden	Sementes

Boerderij #2
Fazenda #2

Bijenkorf	Colmeia
Boer	Agricultor
Boomgaard	Pomar
Dieren	Animais
Eend	Pato
Fruit	Fruta
Gerst	Cevada
Groente	Vegetal
Herder	Pastor
Irrigatie	Irrigação
Lam	Cordeiro
Lama	Lhama
Maïs	Milho
Melk	Leite
Rijp	Maduro
Schaap	Ovelha
Schuur	Celeiro
Tarwe	Trigo
Tractor	Trator
Weide	Prado

Boten
Barcos

Anker	Âncora
Bemanning	Tripulação
Boei	Bóia
Dok	Doca
Golven	Ondas
Jacht	Iate
Kajak	Caiaque
Kano	Canoa
Mast	Mastro
Meer	Lago
Motor	Motor
Nautisch	Náutico
Oceaan	Oceano
Reddingsboot	Bote
Rivier	Rio
Touw	Corda
Veerboot	Balsa
Vlot	Jangada
Zee	Mar
Zeilboot	Veleiro

Camping
Acampamento

Avontuur	Aventura
Berg	Montanha
Bomen	Árvores
Bos	Floresta
Brand	Fogo
Cabine	Cabine
Dieren	Animais
Hangmat	Maca
Hoed	Chapéu
Insect	Inseto
Jacht	Caça
Kaart	Mapa
Kano	Canoa
Kompas	Bússola
Lantaarn	Lanterna
Maan	Lua
Meer	Lago
Natuur	Natureza
Tent	Tenda
Touw	Corda

Chemie
Química

Alkalisch	Alcalino
Chloor	Cloro
Elektron	Elétron
Enzym	Enzima
Gas	Gás
Gewicht	Peso
Ion	Íon
Katalysator	Catalisador
Koolstof	Carbono
Metalen	Metais
Molecuul	Molécula
Organisch	Orgânico
Reactie	Reação
Temperatuur	Temperatura
Vloeistof	Líquido
Warmte	Calor
Waterstof	Hidrogênio
Zout	Sal
Zuur	Ácido
Zuurstof	Oxigénio

Chocolade
Chocolate

Antioxidant	Antioxidante
Aroma	Aroma
Artisanaal	Artesanal
Bitter	Amargo
Cacao	Cacau
Calorieën	Calorias
Eten	Comer
Exotisch	Exótico
Favoriet	Favorito
Heerlijk	Delicioso
Ingrediënt	Ingrediente
Karamel	Caramelo
Kokosnoot	Coco
Kwaliteit	Qualidade
Pinda'S	Amendoins
Poeder	Pó
Recept	Receita
Smaak	Gosto
Suiker	Açúcar
Zoet	Doce

Creativiteit
Criatividade

Artistiek	Artístico
Beeld	Imagem
Dramatisch	Dramático
Echtheid	Autenticidade
Emoties	Emoções
Gevoel	Sensação
Gevoelens	Sentimentos
Helderheid	Clareza
Indruk	Impressão
Inspiratie	Inspiração
Intensiteit	Intensidade
Intuïtie	Intuição
Inventief	Inventivo
Spontaan	Espontânea
Uitdrukking	Expressão
Vaardigheid	Habilidade
Verbeelding	Imaginação
Visioenen	Visões
Vitaliteit	Vitalidade
Vloeibaarheid	Fluidez

Dagen en Maanden
Dias e Meses

Augustus	Agosto
Dinsdag	Terça
Donderdag	Quinta-Feira
Februari	Fevereiro
Jaar	Ano
Januari	Janeiro
Juli	Julho
Juni	Junho
Kalender	Calendário
Maand	Mês
Maandag	Segunda-Feira
Maart	Março
November	Novembro
Oktober	Outubro
September	Setembro
Vrijdag	Sexta-Feira
Week	Semana
Woensdag	Quarta-Feira
Zaterdag	Sábado
Zondag	Domingo

Dans
Dança

Academie	Academia
Beweging	Movimento
Blij	Alegre
Choreografie	Coreografia
Cultureel	Cultural
Cultuur	Cultura
Emotie	Emoção
Expressief	Expressivo
Genade	Graça
Houding	Postura
Klassiek	Clássico
Kunst	Arte
Lichaam	Corpo
Muziek	Música
Partner	Parceiro
Repetitie	Ensaio
Ritme	Ritmo
Springen	Saltar
Traditioneel	Tradicional
Visueel	Visual

De Media
A Mídia

Commercieel	Comercial
Communicatie	Comunicação
Digitaal	Digital
Editie	Edição
Feiten	Fatos
Financiering	Financiamento
Foto'S	Fotos
Houding	Atitudes
Individueel	Individual
Industrie	Indústria
Intellectueel	Intelectual
Kranten	Jornais
Lokaal	Local
Mening	Opinião
Netwerk	Rede
Onderwijs	Educação
Online	Online
Publiek	Público
Radio	Rádio
Televisie	Televisão

Diplomatie
Diplomacia

Adviseur	Consultor
Ambassade	Embaixada
Ambassadeur	Embaixador
Burgers	Cidadãos
Conflict	Conflito
Diplomatiek	Diplomático
Discussie	Discussão
Ethiek	Ética
Gemeenschap	Comunidade
Gerechtigheid	Justiça
Humanitair	Humanitário
Integriteit	Integridade
Oplossing	Solução
Politiek	Política
Regering	Governo
Resolutie	Resolução
Samenwerking	Cooperação
Talen	Línguas
Veiligheid	Segurança
Verdrag	Tratado

Ecologie
Ecologia

Bergen	Montanhas
Diversiteit	Diversidade
Droogte	Seca
Duurzaam	Sustentável
Fauna	Fauna
Flora	Flora
Gemeenschappen	Comunidades
Globaal	Global
Habitat	Habitat
Klimaat	Clima
Marinier	Marinho
Moeras	Pântano
Natuur	Natureza
Natuurlijk	Natural
Overleving	Sobrevivência
Planten	Plantas
Soort	Espécies
Variëteit	Variedade
Vegetatie	Vegetação
Vrijwilligers	Voluntários

Energie
Energia

Accu	Bateria
Benzine	Gasolina
Brandstof	Combustível
Diesel	Diesel
Elektrisch	Elétrico
Elektron	Elétron
Entropie	Entropia
Foton	Fóton
Hernieuwbaar	Renovável
Industrie	Indústria
Koolstof	Carbono
Motor	Motor
Nucleair	Nuclear
Omgeving	Ambiente
Stoom	Vapor
Turbine	Turbina
Vervuiling	Poluição
Warmte	Calor
Waterstof	Hidrogênio
Wind	Vento

Engineering
Engenharia

As	Eixo
Berekening	Cálculo
Beweging	Movimento
Bouw	Construção
Diagram	Diagrama
Diameter	Diâmetro
Diepte	Profundidade
Diesel	Diesel
Energie	Energia
Hoek	Ângulo
Kracht	Força
Machine	Máquina
Meting	Medição
Motor	Motor
Rotatie	Rotação
Stabiliteit	Estabilidade
Structuur	Estrutura
Vloeistof	Líquido
Voortstuwing	Propulsão
Wrijving	Atrito

Eten #1
Comida #1

Aardbei	Morango
Abrikoos	Damasco
Basilicum	Manjericão
Citroen	Limão
Gerst	Cevada
Kaneel	Canela
Knoflook	Alho
Melk	Leite
Peer	Pera
Pinda	Amendoim
Salade	Salada
Sap	Suco
Soep	Sopa
Spinazie	Espinafre
Suiker	Açúcar
Tonijn	Atum
Ui	Cebola
Vlees	Carne
Wortel	Cenoura
Zout	Sal

Eten #2
Comida # 2

Amandel	Amêndoa
Ananas	Abacaxi
Appel	Maçã
Asperge	Aspargo
Aubergine	Beringela
Banaan	Banana
Broccoli	Brócolis
Brood	Pão
Druif	Uva
Ei	Ovo
Ham	Presunto
Kaas	Queijo
Kip	Frango
Kiwi	Kiwi
Perzik	Pêssego
Rijst	Arroz
Tarwe	Trigo
Tomaat	Tomate
Vis	Peixe
Yoghurt	Iogurte

Ethiek
Ética

Altruïsme	Altruísmo
Diplomatiek	Diplomático
Eerbiedig	Respeitoso
Eerlijkheid	Honestidade
Filosofie	Filosofia
Geduld	Paciência
Integriteit	Integridade
Mededogen	Compaixão
Mensheid	Humanidade
Optimisme	Otimismo
Rationaliteit	Racionalidade
Realisme	Realismo
Redelijk	Razoável
Samenwerking	Cooperação
Tolerantie	Tolerância
Vriendelijkheid	Bondade
Waarden	Valores
Waardigheid	Dignidade
Wijsheid	Sabedoria

Familie
Família

Broer	Irmão
Dochter	Filha
Grootmoeder	Avó
Jeugd	Infância
Kind	Criança
Kinderen	Crianças
Kleinzoon	Neto
Man	Marido
Moeder	Mãe
Neef	Sobrinho
Nicht	Sobrinha
Oom	Tio
Opa	Avô
Tante	Tia
Tweeling	Gêmeos
Vader	Pai
Vaderlijk	Paterno
Voorouder	Antepassado
Vrouw	Esposa
Zus	Irmã

Fruit
Frutas

Abrikoos	Damasco
Ananas	Abacaxi
Appel	Maçã
Avocado	Abacate
Banaan	Banana
Bes	Baga
Citroen	Limão
Druif	Uva
Framboos	Framboesa
Kers	Cereja
Kiwi	Kiwi
Kokosnoot	Coco
Mango	Manga
Meloen	Melão
Nectarine	Nectarina
Oranje	Laranja
Papaja	Mamão
Peer	Pera
Perzik	Pêssego
Pruim	Ameixa

Gebouwen
Edifícios

Ambassade	Embaixada
Appartement	Apartamento
Bioscoop	Cinema
Boerderij	Fazenda
Cabine	Cabine
Fabriek	Fábrica
Hotel	Hotel
Kasteel	Castelo
Laboratorium	Laboratório
Museum	Museu
Observatorium	Observatório
School	Escola
Schuur	Celeiro
Stadion	Estádio
Supermarkt	Supermercado
Tent	Tenda
Theater	Teatro
Toren	Torre
Universiteit	Universidade
Ziekenhuis	Hospital

Geografie
Geografia

Atlas	Atlas
Berg	Montanha
Breedtegraad	Latitude
Continent	Continente
Eiland	Ilha
Evenaar	Equador
Halfrond	Hemisfério
Hoogte	Altitude
Kaart	Mapa
Land	País
Meridiaan	Meridiano
Noorden	Norte
Oceaan	Oceano
Regio	Região
Rivier	Rio
Stad	Cidade
Wereld	Mundo
Westen	Oeste
Zee	Mar
Zuiden	Sul

Geologie
Geologia

Aardbeving	Terremoto
Calcium	Cálcio
Continent	Continente
Erosie	Erosão
Fossiel	Fóssil
Geiser	Geyser
Gesmolten	Fundido
Grot	Caverna
Koraal	Coral
Kristallen	Cristais
Kwarts	Quartzo
Laag	Camada
Lava	Lava
Plateau	Platô
Stalactiet	Estalactite
Steen	Pedra
Vulkaan	Vulcão
Zone	Zona
Zout	Sal
Zuur	Ácido

Geometrie
Geometria

Berekening	Cálculo
Cirkel	Círculo
Curve	Curva
Diameter	Diâmetro
Dimensie	Dimensão
Driehoek	Triângulo
Hoek	Ângulo
Hoogte	Altura
Horizontaal	Horizontal
Logica	Lógica
Loodrecht	Perpendicular
Massa	Massa
Mediaan	Mediana
Oppervlak	Superfíce
Parallel	Paralelo
Segment	Segmento
Symmetrie	Simetria
Theorie	Teoria
Vergelijking	Equação
Verticaal	Vertical

Getallen
Números

Acht	Oito
Achttien	Dezoito
Dertien	Treze
Drie	Três
Een	Um
Negen	Nove
Negentien	Dezenove
Nul	Zero
Tien	Dez
Twaalf	Doze
Twee	Dois
Twintig	Vinte
Veertien	Quatorze
Vier	Quatro
Vijf	Cinco
Vijftien	Quinze
Zes	Seis
Zestien	Dezesseis
Zeven	Sete
Zeventien	Dezessete

Gezondheid en Welzijn #1
Saúde e Bem-Estar #1

Actief	Ativo
Apotheek	Farmácia
Bacteriën	Bactérias
Behandeling	Tratamento
Breuk	Fratura
Dokter	Doutor
Gewoonte	Hábito
Honger	Fome
Hoogte	Altura
Hormonen	Hormones
Houding	Postura
Huid	Pele
Kliniek	Clínica
Medicijn	Medicina
Ontspanning	Relaxamento
Reflex	Reflexo
Spieren	Músculos
Therapie	Terapia
Virus	Vírus
Zenuwen	Nervos

Gezondheid en Welzijn #2
Saúde e Bem-Estar #2

Allergie	Alergia
Anatomie	Anatomia
Bloed	Sangue
Calorie	Caloria
Dieet	Dieta
Energie	Energia
Genetica	Genética
Gewicht	Peso
Gezond	Saudável
Herstel	Recuperação
Hygiëne	Higiene
Infectie	Infecção
Lichaam	Corpo
Massage	Massagem
Spijsvertering	Digestão
Stress	Estresse
Vitamine	Vitamina
Voeding	Nutrição
Ziekenhuis	Hospital
Ziekte	Doença

Groenten
Vegetais

Artisjok	Alcachofra
Aubergine	Beringela
Broccoli	Brócolis
Erwt	Ervilha
Gember	Gengibre
Knoflook	Alho
Komkommer	Pepino
Olijf	Oliva
Paddestoel	Cogumelo
Peterselie	Salsa
Pompoen	Abóbora
Raap	Nabo
Radijs	Rabanete
Salade	Salada
Selderij	Aipo
Sjalot	Chalota
Spinazie	Espinafre
Tomaat	Tomate
Ui	Cebola
Wortel	Cenoura

Haartypes
Tipos de Cabelo

Blond	Loiro
Bruin	Marrom
Dik	Grosso
Droog	Seco
Dun	Fino
Gekleurd	Colori
Gevlochten	Trançado
Gezond	Saudável
Glimmend	Brilhante
Golvend	Ondulado
Grijs	Cinza
Kaal	Careca
Kort	Curto
Krullen	Cachos
Krullend	Encaracolado
Lang	Longo
Wit	Branco
Zacht	Suave
Zilver	Prata
Zwart	Preto

Herbalisme
Herbalismo

Aromatisch	Aromático
Basilicum	Manjericão
Bloem	Flor
Culinair	Culinário
Dille	Endro
Dragon	Estragão
Groen	Verde
Ingrediënt	Ingrediente
Knoflook	Alho
Kwaliteit	Qualidade
Lavendel	Lavanda
Marjolein	Manjerona
Oregano	Orégano
Peterselie	Salsa
Rozemarijn	Alecrim
Saffraan	Açafrão
Smaak	Sabor
Tijm	Tomilho
Tuin	Jardim
Venkel	Funcho

Huis
Casa

Bezem	Vassoura
Bibliotheek	Biblioteca
Dak	Telhado
Deur	Porta
Douche	Chuveiro
Garage	Garagem
Haard	Lareira
Hek	Cerca
Kamer	Quarto
Kelder	Porão
Keuken	Cozinha
Meubilair	Mobiliário
Muur	Parede
Plafond	Teto
Schoorsteen	Chaminé
Spiegel	Espelho
Tapijt	Tapete
Trap	Escada
Tuin	Jardim
Zolder	Sótão

Immigratie
Imigração

Administratie	Administração
Bescherming	Proteção
Communicatie	Comunicação
Documenten	Documentos
Financiering	Financiamento
Goedkeuring	Aprovação
Grenzen	Fronteiras
Huisvesting	Habitação
Hulp	Ajuda
Kinderen	Crianças
Officier	Oficial
Onderhandeling	Negociação
Oplossing	Solução
Proces	Processo
Situatie	Situação
Stress	Estresse
Taal	Língua
Termijn	Prazo
Volwassenen	Adultos
Wet	Lei

Installaties
Plantas

Bamboe	Bambu
Bes	Baga
Blad	Folha
Bloem	Flor
Boom	Árvore
Boon	Feijão
Bos	Floresta
Cactus	Cacto
Flora	Flora
Gebladerte	Folhagem
Gras	Grama
Klimop	Hera
Kruid	Erva
Mest	Fertilizante
Mos	Musgo
Plantkunde	Botânica
Struik	Arbusto
Tuin	Jardim
Vegetatie	Vegetação
Wortel	Raiz

Jazz
Jazz

Album	Álbum
Applaus	Aplauso
Artiest	Artista
Beroemd	Famoso
Componist	Compositor
Concert	Concerto
Favorieten	Favoritos
Genre	Gênero
Improvisatie	Improvisação
Lied	Canção
Muziek	Música
Nadruk	Ênfase
Nieuw	Novo
Orkest	Orquestra
Oud	Velho
Ritme	Ritmo
Samenstelling	Composição
Stijl	Estilo
Talent	Talento
Techniek	Técnica

Keuken
Cozinha

Cup	Cups
Eetstokjes	Pauzinhos
Eten	Comer
Grill	Grelha
Ketel	Chaleira
Koelkast	Geladeira
Kom	Tigela
Kruik	Jarro
Lepels	Colheres
Messen	Facas
Oven	Forno
Pollepel	Concha
Pot	Jar
Recept	Receita
Schort	Avental
Servet	Guardanapo
Specerijen	Especiarias
Spons	Esponja
Vorken	Garfos
Vriezer	Freezer

Kleding
Roupas

Armband	Pulseira
Blouse	Blusa
Broek	Calça
Handschoenen	Luvas
Hoed	Chapéu
Jas	Casaco
Jasje	Jaqueta
Jurk	Vestido
Ketting	Colar
Mode	Moda
Pyjama	Pijama
Riem	Cinto
Rok	Saia
Sandalen	Sandálias
Schoen	Sapato
Schort	Avental
Shirt	Camisa
Sjaal	Lenço
Sokken	Meias
Trui	Suéter

Koffie
Café

Aroma	Aroma
Beker	Copa
Bitter	Amargo
Cafeïne	Cafeína
Drank	Bebida
Filter	Filtro
Geroosterd	Assado
Malen	Moer
Melk	Leite
Ochtend	Manhã
Oorsprong	Origem
Prijs	Preço
Room	Creme
Smaak	Sabor
Suiker	Açúcar
Variëteit	Variedade
Vloeistof	Líquido
Water	Água
Zwart	Preto

Kracht en Zwaartekracht
Força e Gravidade

Afstand	Distância
As	Eixo
Baan	Órbita
Beweging	Movimento
Centrum	Centro
Druk	Pressão
Dynamisch	Dinâmico
Eigendommen	Propriedades
Gewicht	Peso
Impact	Impacto
Magnetisme	Magnetismo
Mechanica	Mecânica
Natuurkunde	Física
Ontdekking	Descoberta
Planeten	Planetas
Snelheid	Rapidez
Tijd	Tempo
Uitbreiding	Expansão
Universeel	Universal
Wrijving	Atrito

Kunst
Arte

Beeldhouwwerk	Escultura
Complex	Complexo
Creëren	Criar
Eenvoudig	Simples
Eerlijk	Honesto
Figuur	Figura
Geïnspireerd	Inspirado
Humeur	Humor
Keramisch	Cerâmica
Onderwerp	Sujeito
Origineel	Original
Persoonlijk	Pessoal
Poëzie	Poesia
Portretteren	Retratar
Samenstelling	Composição
Schilderijen	Pinturas
Surrealisme	Surrealismo
Symbool	Símbolo
Uitdrukking	Expressão
Visueel	Visual

Kunstbenodigdheden
Material de Arte

Acryl	Acrílico
Aquarellen	Aquarelas
Borstels	Escovas
Camera	Câmera
Creativiteit	Criatividade
Ezel	Cavalete
Gom	Apagador
Houtskool	Carvão
Inkt	Tinta
Klei	Argila
Kleuren	Cores
Lijm	Cola
Olie	Óleo
Papier	Papel
Pastel	Pastels
Potloden	Lápis
Stoel	Cadeira
Tafel	Mesa
Verf	Tintas
Water	Água

Landen #1
Países #1

België	Bélgica
Brazilië	Brasil
Cambodja	Camboja
Canada	Canadá
Chili	Chile
Duitsland	Alemanha
Egypte	Egito
Irak	Iraque
Israël	Israel
Italië	Itália
Letland	Letônia
Libië	Líbia
Marokko	Marrocos
Nicaragua	Nicarágua
Noorwegen	Noruega
Panama	Panamá
Polen	Polônia
Roemenië	Romênia
Senegal	Senegal
Spanje	Espanha

Landen #2
Países #2

Denemarken	Dinamarca
Ethiopië	Etiópia
Frankrijk	França
Griekenland	Grécia
Ierland	Irlanda
Indonesië	Indonésia
Japan	Japão
Kenia	Quênia
Laos	Laos
Libanon	Líbano
Liberia	Libéria
Maleisië	Malásia
Mexico	México
Nepal	Nepal
Nigeria	Nigéria
Oeganda	Uganda
Oekraïne	Ucrânia
Rusland	Rússia
Somalië	Somália
Syrië	Síria

Landschappen
Paisagens

Berg	Montanha
Eiland	Ilha
Geiser	Geyser
Gletsjer	Geleira
Grot	Caverna
Heuvel	Colina
Ijsberg	Iceberg
Meer	Lago
Moeras	Pântano
Oase	Oásis
Oceaan	Oceano
Rivier	Rio
Schiereiland	Península
Strand	Praia
Toendra	Tundra
Vallei	Vale
Vulkaan	Vulcão
Waterval	Cascata
Woestijn	Deserto
Zee	Mar

Literatuur
Literatura

Analogie	Analogia
Analyse	Análise
Anekdote	Anedota
Auteur	Autor
Biografie	Biografia
Conclusie	Conclusão
Dialoog	Diálogo
Fictie	Ficção
Gedicht	Poema
Mening	Opinião
Metafoor	Metáfora
Poëtisch	Poético
Rijm	Rima
Ritme	Ritmo
Roman	Romance
Stijl	Estilo
Thema	Tema
Tragedie	Tragédia
Vergelijking	Comparação
Verteller	Narrador

Meditatie
Meditação

Aandacht	Atenção
Aanvaarding	Aceitação
Ademhaling	Respirando
Beweging	Movimento
Dankbaarheid	Gratidão
Emoties	Emoções
Gedachten	Pensamentos
Geluk	Felicicade
Helderheid	Clareza
Houding	Postura
Mededogen	Compaixão
Mentaal	Mental
Muziek	Música
Natuur	Natureza
Observatie	Observação
Perspectief	Perspectiva
Stilte	Silêncio
Vrede	Paz
Vriendelijkheic	Boncade
Wakker	Acordado

Meer Informatie
Ficção Científica

Bioscoop	Cinema
Boeken	Livros
Brand	Fogo
Denkbeeldig	Imaginário
Dystopie	Distopia
Explosie	Explosão
Extreem	Extremo
Fantastisch	Fantástico
Futuristisch	Futurista
Illusie	Ilusão
Mysterieus	Misterioso
Orakel	Oráculo
Planeet	Planeta
Realistisch	Realista
Robots	Robôs
Scenario	Cenário
Sterrenstelsel	Galáxia
Technologie	Tecnologia
Utopie	Utopia
Wereld	Mundo

Menselijk Lichaam
Corpo Humano

Been	Perna
Bloed	Sangue
Elleboog	Cotovelo
Enkel	Tornozelo
Hand	Mão
Hart	Coração
Hersenen	Cérebro
Hoofd	Cabeça
Huid	Pele
Kaak	Mandíbula
Kin	Queixo
Knie	Joelho
Maag	Estômago
Mond	Boca
Nek	Pescoço
Neus	Nariz
Oor	Orelha
Schouder	Ombro
Tong	Língua
Vinger	Dedo

Metingen
Medições

Breedte	Largura
Byte	Byte
Centimeter	Centímetro
Decimaal	Decimal
Diepte	Profundidade
Gewicht	Peso
Graad	Grau
Gram	Grama
Hoogte	Altura
Inch	Polegada
Kilogram	Quilograma
Kilometer	Quilômetro
Lengte	Comprimento
Liter	Litro
Massa	Massa
Meter	Metro
Minuut	Minuto
Ons	Onça
Ton	Tonelada
Volume	Volume

Mode
Moda

Afmetingen	Medidas
Bescheiden	Modesto
Betaalbaar	Acessível
Borduurwerk	Bordado
Comfortabel	Confortável
Duur	Caro
Eenvoudig	Simples
Elegant	Elegante
Kant	Renda
Kleding	Roupa
Knop	Botões
Minimalistisch	Minimalista
Modern	Moderno
Origineel	Original
Praktisch	Prático
Stijl	Estilo
Stof	Tecido
Textuur	Textura
Trend	Tendência
Winkel	Boutique

Muziek
Música

Album	Álbum
Ballade	Balada
Harmonie	Harmonia
Improviseren	Improvisar
Instrument	Instrumento
Klassiek	Clássico
Koor	Coro
Lyrisch	Lírico
Melodie	Melodia
Microfoon	Microfone
Muzikaal	Musical
Muzikant	Músico
Opera	Ópera
Opname	Gravação
Poëtisch	Poético
Ritme	Ritmo
Ritmisch	Rítmico
Tempo	Tempo
Zanger	Cantor
Zingen	Cantar

Muziekinstrumenten
Instrumentos Musicais

Banjo	Banjo
Cello	Violoncelo
Fagot	Fagote
Fluit	Flauta
Gitaar	Violão
Gong	Gongo
Harp	Harpa
Hobo	Oboé
Klarinet	Clarinete
Mandoline	Bandolim
Marimba	Marimba
Mondharmonica	Gaita
Percussie	Percussão
Piano	Piano
Saxofoon	Saxofone
Tamboerijn	Pandeiro
Trombone	Trombone
Trommel	Tambor
Trompet	Trompete
Viool	Violino

Mythologie
Mitologia

Archetype	Arquétipo
Bliksem	Relâmpago
Creatie	Criação
Cultuur	Cultura
Donder	Trovão
Doolhof	Labirinto
Gedrag	Comportamento
Held	Herói
Heldin	Heroína
Hemel	Céu
Jaloezie	Ciúmes
Kracht	Força
Krijger	Guerreiro
Legende	Lenda
Monster	Monstro
Onsterfelijkheid	Imortalidade
Ramp	Desastre
Sterfelijk	Mortal
Wezen	Criatura
Wraak	Vingança

Natuur
Natureza

Arctisch	Ártico
Bergen	Montanhas
Bijen	Abelhas
Bos	Floresta
Dieren	Animais
Dynamisch	Dinâmico
Erosie	Erosão
Gebladerte	Folhagem
Gletsjer	Geleira
Heiligdom	Santuário
Mist	Nevoeiro
Rivier	Rio
Schoonheid	Beleza
Schuilplaats	Abrigo
Sereen	Sereno
Tropisch	Tropical
Vitaal	Vital
Wild	Selvagem
Woestijn	Deserto
Wolken	Nuvens

Natuurkunde
Física

Atoom	Átomo
Chaos	Caos
Chemisch	Químico
Deeltje	Partícula
Dichtheid	Densidade
Elektron	Elétron
Experiment	Experiência
Formule	Fórmula
Frequentie	Frequência
Gas	Gás
Magnetisme	Magnetismo
Massa	Massa
Mechanica	Mecânica
Molecuul	Molécula
Motor	Motor
Relativiteit	Relatividade
Snelheid	Velocidade
Universeel	Universal
Versnelling	Aceleração
Zwaartekracht	Gravidade

Oceaan
Oceano

Aal	Enguia
Algen	Alga
Boot	Barco
Dolfijn	Golfinho
Garnaal	Camarão
Getijden	Marés
Haai	Tubarão
Koraal	Coral
Krab	Caranguejo
Kwal	Medusa
Octopus	Polvo
Oester	Ostra
Rif	Recife
Schildpad	Tartaruga
Spons	Esponja
Storm	Tempestade
Tonijn	Atum
Vis	Peixe
Walvis	Baleia
Zout	Sal

Opwarming van de Aarde
Aquecimento Global

Aandacht	Atenção
Arctisch	Ártico
Crisis	Crise
Energie	Energia
Gas	Gás
Gegevens	Dados
Generaties	Gerações
Gevolgen	Consequências
Industrie	Indústria
Internationaal	Internacional
Klimaat	Clima
Mensen	Humanos
Milieu	Ambiental
Nu	Agora
Populaties	Populações
Regering	Governo
Temperaturen	Temperaturas
Toekomst	Futuro
Wetenschapper	Cientista
Wetgeving	Legislação

Overheid
Governo

Burgerschap	Cidadania
Civiel	Civil
Democratie	Democracia
Discussie	Discussão
Gelijkheid	Igualdade
Gerechtelijk	Judicial
Gerechtigheid	Justiça
Grondwet	Constituição
Leider	Líder
Monument	Monumento
Natie	Nação
Nationaal	Nacional
Politiek	Política
Rechten	Direitos
Staat	Estado
Symbool	Símbolo
Toespraak	Discurso
Vrijheid	Liberdade
Wet	Lei
Wijk	Distrito

Psychologie
Psicologia

Afspraak	Compromisso
Beoordeling	Avaliação
Bewusteloos	Inconsciente
Cognitie	Cognição
Conflict	Conflito
Dromen	Sonhos
Ego	Ego
Emoties	Emoções
Ervaringen	Experiências
Gedachten	Pensamentos
Gedrag	Comportamento
Gevoel	Sensação
Invloed	Influências
Jeugd	Infância
Klinisch	Clínico
Perceptie	Percepção
Persoonlijkheid	Personalidade
Probleem	Problema
Realiteit	Realidade
Therapie	Terapia

Regenwoud
Floresta Tropical

Amfibieën	Anfíbios
Behoud	Preservação
Botanisch	Botânico
Diversiteit	Diversidade
Gemeenschap	Comunidade
Inheems	Indígena
Insecten	Insetos
Jungle	Selva
Klimaat	Clima
Mos	Musgo
Natuur	Natureza
Overleving	Sobrevivência
Respect	Respeito
Restauratie	Restauração
Soort	Espécies
Toevlucht	Refúgio
Vogels	Pássaros
Waardevol	Valioso
Wolken	Nuvens
Zoogdieren	Mamíferos

Restaurant #2
Restaurante # 2

Cake	Bolo
Diner	Jantar
Drank	Bebida
Eieren	Ovo
Fruit	Fruta
Groente	Legumes
Heerlijk	Delicioso
Ijs	Gelo
Lepel	Colher
Lunch	Almoço
Noedels	Macarrão
Ober	Garçom
Salade	Salada
Soep	Sopa
Specerijen	Especiarias
Stoel	Cadeira
Vis	Peixe
Vork	Garfo
Water	Água
Zout	Sal

Rijden
Dirigindo

Auto	Carro
Brandstof	Combustível
Garage	Garagem
Gas	Gás
Gevaar	Perigo
Kaart	Mapa
Licentie	Licença
Motor	Motor
Motorfiets	Motocicleta
Ongeluk	Acidente
Politie	Polícia
Remmen	Freios
Snelheid	Rapidez
Straat	Rua
Tunnel	Túnel
Veiligheid	Segurança
Verkeer	Tráfego
Voetganger	Pedestre
Vrachtauto	Caminhão
Weg	Estrada

Schaken
Xadrez

Diagonaal	Diagonal
Kampioen	Campeão
Koning	Rei
Koningin	Rainha
Leren	Aprender
Offer	Sacrifício
Passief	Passivo
Punten	Pontos
Reglement	Regras
Spel	Jogo
Speler	Jogador
Strategie	Estratégia
Tegenstander	Oponente
Tijd	Tempo
Toernooi	Torneio
Uitdagingen	Desafios
Wedstrijd	Concurso
Wit	Branco
Zwart	Preto

Schoonheid
Beleza

Charme	Charme
Cosmetica	Cosméticos
Diensten	Serviços
Elegant	Elegante
Elegantie	Elegância
Fotogeniek	Fotogênico
Genade	Graça
Geur	Fragrância
Glad	Suave
Huid	Pele
Kleur	Cor
Krullen	Cachos
Lippenstift	Batom
Mascara	Rímel
Producten	Produtos
Schaar	Tesoura
Shampoo	Xampu
Spiegel	Espelho
Stilist	Estilista
Verzinnen	Maquiagem

Specerijen
Especiarias

Anijs	Anis
Bitter	Amargo
Fenegriek	Feno-Grego
Gember	Gengibre
Kaneel	Canela
Kardemom	Cardamomo
Kerrie	Caril
Knoflook	Alho
Komijn	Cominho
Koriander	Coentro
Kruidnagel	Cravo
Nootmuskaat	Noz-Moscada
Paprika	Páprica
Saffraan	Açafrão
Smaak	Sabor
Ui	Cebola
Vanille	Baunilha
Venkel	Funcho
Zoet	Doce
Zout	Sal

Stad
Cidade

Apotheek	Farmácia
Bakkerij	Padaria
Bank	Banco
Bibliotheek	Biblioteca
Bioscoop	Cinema
Bloemist	Florista
Boekhandel	Livraria
Galerij	Galeria
Hotel	Hotel
Kliniek	Clínica
Luchthaven	Aeroporto
Markt	Mercado
Museum	Museu
Restaurant	Restaurante
School	Escola
Stadion	Estádio
Supermarkt	Supermercado
Theater	Teatro
Universiteit	Universidade
Winkel	Loja

Tijd
Tempo

Dag	Dia
Decennium	Década
Eeuw	Século
Gisteren	Ontem
Jaar	Ano
Jaarlijks	Anual
Kalender	Calendário
Klok	Relógio
Maand	Mês
Middag	Meio-Dia
Minuut	Minuto
Na	Depois
Nacht	Noite
Nu	Agora
Ochtend	Manhã
Toekomst	Futuro
Uur	Hora
Vandaag	Hoje
Vroeg	Cedo
Week	Semana

Tuin
Jardim

Bank	Banco
Bloem	Flor
Bodem	Solo
Boom	Árvore
Boomgaard	Pomar
Garage	Garagem
Gazon	Gramado
Gras	Grama
Hangmat	Maca
Hark	Ancinho
Hek	Cerca
Schop	Pá
Slang	Mangueira
Struik	Arbusto
Terras	Terraço
Trampoline	Trampolim
Tuin	Jardim
Veranda	Varanda
Vijver	Lagoa
Wijnstok	Videira

Tuinieren
Jardinagem

Blad	Folha
Bloemen	Floral
Bloesem	Flor
Bodem	Solo
Boeket	Buquê
Boomgaard	Pomar
Botanisch	Botânico
Compost	Composto
Container	Recipiente
Eetbaar	Comestível
Exotisch	Exótico
Gebladerte	Folhagem
Klimaat	Clima
Seizoensgebond en	Sazonal
Slang	Mangueira
Soort	Espécies
Vocht	Umidade
Vuil	Sujeira
Water	Água
Zaden	Sementes

Universum
Universo

Asteroïde	Asteróide
Astronomie	Astronomia
Astronoom	Astrônomo
Atmosfeer	Atmosfera
Baan	Órbita
Breedtegraad	Latitude
Dierenriem	Zodíaco
Duisternis	Trevas
Evenaar	Equacor
Halfrond	Hemisfério
Hemel	Céu
Horizon	Horizonte
Kantelen	Inclinar
Kosmisch	Cósmico
Lengtegraad	Longitude
Maan	Lua
Sterrenstelsel	Galáxia
Telescoop	Telescópio
Zichtbaar	Visível
Zonnewende	Solstício

Vakantie #2
Férias #2

Bergen	Montanhas
Bestemming	Destino
Buitenlander	Estrangeiro
Eiland	Ilha
Hotel	Hotel
Kaart	Mapa
Kamperen	Acampamento
Luchthaven	Aeroporto
Paspoort	Passaporte
Reis	Viagem
Reserveringen	Reservas
Restaurant	Restaurante
Strand	Praia
Taxi	Táxi
Tent	Tenda
Vakantie	Feriado
Vervoer	Transporte
Visum	Visto
Vrije Tijd	Lazer
Zee	Mar

Vliegtuigen
Aviões

Afdaling	Descida
Atmosfeer	Atmosfera
Avontuur	Aventura
Ballon	Balão
Bemanning	Tripulação
Bouw	Construção
Brandstof	Combustível
Geschiedenis	História
Hemel	Céu
Hoogte	Altura
Landen	Aterrissagem
Lucht	Ar
Motor	Motor
Navigeren	Navegar
Passagier	Passageiro
Piloot	Piloto
Propellers	Hélices
Richting	Direção
Turbulentie	Turbulência
Waterstof	Hidrogênio

Voeding
Nutrição

Bitter	Amargo
Calorieën	Calorias
Dieet	Dieta
Eetbaar	Comestíve
Eetlust	Apetite
Eiwitten	Proteínas
Evenwichtig	Equilibrado
Fermentatie	Fermentação
Gewicht	Peso
Gezond	Saudável
Gezondheid	Saúde
Koolhydraten	Carboidratos
Kwaliteit	Qualidade
Saus	Molho
Smaak	Sabor
Spijsvertering	Digestão
Toxine	Toxina
Vitamine	Vitamina
Vloeistoffen	Líquidos
Voedingsstof	Nutriente

Voertuigen
Veículos

Ambulance	Ambulância
Auto	Carro
Banden	Pneus
Bestelwagen	Furgão
Boot	Barco
Bus	Ônibus
Caravan	Caravana
Fiets	Bicicleta
Helikopter	Helicóptero
Metro	Metrô
Motor	Motor
Onderzeeër	Submarino
Raket	Foguete
Scooter	Lambreta
Taxi	Táxi
Tractor	Trator
Veerboot	Balsa
Vliegtuig	Avião
Vlot	Jangada
Vrachtauto	Caminhão

Vogels
Pássaros

Duif	Pombo
Eend	Pato
Ei	Ovo
Flamingo	Flamingo
Gans	Ganso
Kip	Frango
Koekoek	Cuco
Kraai	Corvo
Meeuw	Gaivota
Mus	Pardal
Ooievaar	Cegonha
Papegaai	Papagaio
Pauw	Pavão
Pelikaan	Pelicano
Pinguïn	Pinguim
Reiger	Garça
Struisvogel	Avestruz
Toekan	Tucano
Uil	Coruja
Zwaan	Cisne

Wandelen
Caminhada

Berg	Montanha
Dieren	Animais
Gevaren	Perigos
Kaart	Mapa
Kamperen	Acampamento
Klif	Penhasco
Klimaat	Clima
Laarzen	Botas
Moe	Cansado
Muggen	Mosquitos
Natuur	Natureza
Oriëntatie	Orientação
Parken	Parques
Stenen	Pedras
Top	Cume
Voorbereiding	Preparação
Water	Água
Wild	Selvagem
Zon	Sol
Zwaar	Pesado

Weersomstandigheden
Clima

Atmosfeer	Atmosfera
Bliksem	Relâmpago
Donder	Trovão
Droogte	Seca
Hemel	Céu
Ijs	Gelo
Klimaat	Clima
Mist	Nevoeiro
Moesson	Monção
Orkaan	Furacão
Overstroming	Inundação
Polair	Polar
Regenboog	Arco-Íris
Storm	Tempestade
Temperatuur	Temperatura
Tornado	Tornado
Tropisch	Tropical
Vochtig	Úmido
Wind	Vento
Wolk	Nuvem

Wetenschap
Ciência

Atoom	Átomo
Chemisch	Químico
Deeltjes	Partículas
Evolutie	Evolução
Experiment	Experiência
Feit	Fato
Fossiel	Fóssil
Gegevens	Dados
Hypothese	Hipótese
Klimaat	Clima
Laboratorium	Laboratório
Methode	Método
Mineralen	Minerais
Moleculen	Moléculas
Natuur	Natureza
Natuurkunde	Física
Observatie	Observação
Organisme	Organismo
Wetenschapper	Cientista
Zwaartekracht	Gravidade

Wetenschappelijke Discip
Disciplinas Científicas

Anatomie	Anatomia
Archeologie	Arqueologia
Astronomie	Astronomia
Biochemie	Bioquímica
Biologie	Biologia
Chemie	Química
Ecologie	Ecologia
Fysiologie	Fisiologia
Geologie	Geologia
Immunologie	Imunologia
Mechanica	Mecânica
Meteorologie	Meteorologia
Mineralogie	Mineralogia
Neurologie	Neurologia
Plantkunde	Botânica
Psychologie	Psicologia
Robotica	Robótica
Sociologie	Sociologia
Thermodynamica	Termodinâmica
Voeding	Nutrição

Wiskunde
Matemática

Decimaal	Decimal
Diameter	Diâmetro
Divisie	Divisão
Driehoek	Triângulo
Exponent	Expoente
Fractie	Fração
Geometrie	Geometria
Hoeken	Ângulos
Loodrecht	Perpendicular
Omtrek	Perímetro
Parallel	Paralelo
Parallellogram	Paralelogramo
Rechthoek	Retângulo
Rekenkundig	Aritmética
Som	Soma
Symmetrie	Simetria
Veelhoek	Polígono
Vergelijking	Equação
Vierkant	Quadrado
Volume	Volume

Zakelijk
Negócios

Bedrijf	Empresa
Begroting	Orçamento
Belastingen	Impostos
Carrière	Carreira
Economie	Economia
Fabriek	Fábrica
Financiën	Finança
Geld	Dinheiro
Inkomen	Rendimento
Investering	Investimento
Kantoor	Escritório
Korting	Desconto
Kosten	Custo
Transactie	Transação
Valuta	Moeda
Verkoop	Venda
Werkgever	Empregador
Werknemer	Empregado
Winkel	Loja
Winst	Lucro

Ziekte
Doença

Ademhaling	Respiratório
Allergieën	Alergias
Bacterieel	Bacteriano
Besmettelijk	Contagioso
Botten	Ossos
Buik	Abdominal
Chronisch	Crônica
Erfelijk	Hereditário
Genetisch	Genético
Genezing	Cura
Gezondheid	Saúde
Hart	Coração
Immuniteit	Imunidade
Lichaam	Corpo
Neuropathie	Neuropatia
Ontsteking	Inflamação
Sinus	Seio
Syndroom	Síndrome
Therapie	Terapia
Zwak	Fraco

Zoogdieren
Mamíferos

Aap	Macaco
Bever	Castor
Coyote	Coiote
Dolfijn	Golfinho
Ezel	Burro
Geit	Cabra
Giraf	Girafa
Gorilla	Gorila
Hond	Cão
Kameel	Camelo
Kangoeroe	Canguru
Kat	Gato
Konijn	Coelho
Leeuw	Leão
Olifant	Elefante
Paard	Cavalo
Stier	Touro
Vos	Raposa
Walvis	Baleia
Wolf	Lobo

Gefeliciteerd

Je hebt het gehaald!

We hopen dat u net zoveel plezier beleeft aan dit boek als wij aan het maken ervan. We doen ons best om spellen van hoge kwaliteit te maken.

Deze puzzels zijn op een slimme manier ontworpen zodat je actief kunt leren terwijl je plezier hebt!

Vond je ze mooi?

Een Eenvoudig Verzoek

Onze boeken bestaan dankzij de recensies die zij publiceren. Kunt u ons helpen door nu een mening achter te laten ?

Hier is een korte link die u naar uw bestellingen beoordelingspagina.

BestBooksActivity.com/Recensie50

FINAAL UITDAGING!

Uitdaging nr. 1

Klaar voor uw bonusspel? We gebruiken ze de hele tijd, maar ze zijn niet zo gemakkelijk te vinden. Hier zijn **Synoniemen!**

Noteer 5 woorden die je ontdekt hebt in elk van de onderstaande puzzels (nr. 21, nr. 36, nr. 76) en probeer voor elk woord 2 synoniemen te vinden.

Notitie 5 Woorden uit *Puzzle 21*

Woorden	Synoniem 1	Synoniem 2

Notitie 5 Woorden uit *Puzzle 36*

Woorden	Synoniem 1	Synoniem 2

Notitie 5 Woorden uit *Puzzle 76*

Woorden	Synoniem 1	Synoniem 2

Uitdaging nr. 2

Nu je opgewarmd bent, noteer 5 woorden die je ontdekt hebt in elke hieronder genoteerde puzzel (nr. 9, nr. 17, nr. 25) en probeer voor elk woord 2 antoniemen te vinden. Hoeveel regels kan je doen in 20 minuten?

*Notitie 5 Woorden uit **Puzzle 9***

Woorden	Antoniem 1	Antoniem 2

*Notitie 5 Woorden uit **Puzzle 17***

Woorden	Antoniem 1	Antoniem 2

*Notitie 5 Woorden uit **Puzzle 25***

Woorden	Antoniem 1	Antoniem 2

Uitdaging nr. 3

Prachtig, deze finaal uitdaging is makkelijk voor jou!

Klaar voor de laatste? Kies je 10 favoriete woorden die je in een van de puzzels hebt ontdekt en noteer ze hieronder.

1.	6.
2.	7.
3.	8.
4.	9.
5.	10.

De uitdaging is nu om met deze woorden en binnen een maximum van zes zinnen een tekst te schrijven over een persoon, dier of plaats waar je van houdt!

Tip: U kunt de laatste blanco pagina van dit boek als kladblaadje gebruiken!

Je schrijven:

NOTITIEBOEKJE:

TOT SNEL!

Linguas Classics

GENIET VAN GRATIS SPELLEN

GO

↓

BESTACTIVITYBOOKS.COM/FREEGAMES

www.ingramcontent.com/pod-product-compliance
Lightning Source LLC
Chambersburg PA
CBHW082059120626
46553CB00011B/3471